18歳から考える消費者と法

! ☺ ? >< 💡

坂東俊矢・細川幸一 著
Bando Toshiya & Hosokawa Koichi

法律文化社

民法ゼミの皆様へ

この度は、坂東俊矢・細川幸一著『18歳から考える消費者と法』をお買い上げいただきありがとうございます。

坂東俊矢先生のご紹介ということで、下記のように2割引で提供させていただきます。

本書は、お二人の先生方の広く消費者の皆様に向けた力作です。『18歳から…』とかづけてはいますが、すべての消費者にとって、非常に役に立つ味方となる本です。また、イラストや資料・用語の解説などを適宜加え、わかりやすく編集しております。お知り合いの方等へ、ひろくお勧めいただけると幸甚です。今後ともよろしくお願いいたします。

ご請求額：お一人当たり 2058 円

内　訳：1冊 2200 円 × 8 割 + 消費税 5 ％ + 送料 210 円（封筒代等含む）

※お支払は、取りまとめ役の　三木澄子様へお願いいたします。

以上

㈱法律文化社
営業部企画部

はしがき

　私たちは、この『18歳から考える消費者と法』に2つの想いを込めました。

　ひとつは文字通り、18歳という年齢が、大学生になるにせよ、社会人として働くにせよ、言わば「大人への階段」を登る時期であることです。社会に出るパスポートとして、自らが消費者であることを自覚するとともに、生きていく術としての知識を学んでほしいと考えました。その意味では、本書は私たちの「18歳」へのメッセージにほかなりません。

　もうひとつは、消費者法や政策が消費者のためにあってほしいとの私たちの想いです。この間、消費者庁ができ、時々の消費者問題に対応した法律の整備もすすんでいます。もっとも、その変化は、まだまだ「消費者目線」でなされているようには思えません。法は依然として難解で、政策の方向性も明確とは言えません。明確かつ平易であることは、「消費者と法」にとって大切な目標でもあるのです。私たちは「18歳」という言葉に、考える前提としての「わかりやすさ」という意味を込めました。

　「消費者市民社会」という言葉が使われ始めています。消費者が広く社会問題を考えるうえでの主役のひとりになるためには、何よりも私たち消費者が考え、行動することが必要です。でも、そのためにこそ、学びのための素材が不可欠です。本書がその役割の一部を担うものになることを、私たちは心から期待をしています。

　本書は、私たちに消費者問題を考える視点を与えてくれた多くの方々との共同の成果です。本書の作成に関しても多くの方々にお世話になりました。まず、わかりやすいイラストを描いていただいた安田憲司さんに記して感謝をします。法律文化社編集部の小西英央さん、瀧本佳代さんには面倒な編集をお願いしました。改めて謝意を表したいと思います。

2010年10月

坂東俊矢・細川幸一

目 次

はしがき

第Ⅰ部　現代の経済社会で生きるとは？

1　私たちの生きている社会はどんな社会か？ ………………………………………… 2
　▶市場経済の仕組みと市民法を理解する
　　1　「いちば」と「しじょう」／2　「交換」の仕組み／3　「お金」って何？／4　身分から契約へ

2　生きていくためにしなければならないことを考える ……………………………… 6
　▶生産と消費を考える
　　1　だれでも豊かなくらしがしたい／2　どうやってほしいものを手に入れるのか？―消費者としての自分／3　どうやってお金を手に入れるのか？―生産者としての自分／4　生産と消費の分離／5　人間の一生における労働（生産）と消費

3　競争とは何か？ ……………………………………………………………………… 10
　　1　競争は市場経済のかなめ／2　競争を制限する者が現れたらどうするか？／3　公共料金とは何か？／4　公正な競争に必要な正しい情報

4　消費者の権利を考える ……………………………………………………………… 14
　▶消費者基本法の意義
　　1　「消費者」とはだれか？／2　消費者の権利とは何か？／3　日本での消費者の権利規定

5　法体系の中の消費者法 ……………………………………………………………… 20
　　1　法の分類と消費者法／2　消費者法はいくつあるの？

第Ⅱ部　取引被害から消費者法を考える

6　消費者法って何だろう？ …………………………………………………………… 26
　　1　消費者基本法の考える消費者政策の理念／2　消費者法の考える消費者像―事業者と消費者の「格差」／3　消費者の実像と法律の目的／4　消費者法の性格

7　未成年者と高齢者から消費者契約を考える ……………………………………… 30
　▶納得できない契約①
　　1　契約被害の現実／2　未成年者の契約被害と未成年者取消権／3　高齢者の契約被害と被害救済の課題／4　未成年者、高齢者の消費者被害の救済の意義

8　消費者契約をクーリング・オフする ……………………………………………… 36
　▶納得できない契約②

1　クーリング・オフとは何？／2　クーリング・オフをめぐる法的論点と判決の考え方／3　クーリング・オフの意義

9　消費者契約法の考える公正な契約とは？ ……………………………………………… 40
　　▶納得できない契約③
　　　1　消費者契約法の適用範囲と情報提供義務／2　消費者契約法と不適切な勧誘を理由とする契約の取消し／3　消費者契約法における不当な契約条項の無効

10　安心してサービスの提供を受けるには？ …………………………………………… 44
　　▶役務契約の留意点
　　　1　経済のサービス化と私たちの生活／2　サービス契約への民法の対応／3　特定商取引法と特定継続的役務提供の規律

11　IT社会で変わる通信販売を考える …………………………………………………… 48
　　▶便利なネット通販の落とし穴
　　　1　IT社会の進展と電子商取引／2　通信販売の規制と特定商取引法／3　ネットオークションをめぐる法の対応／4　IT社会と消費者

12　もうけ話にはたいてい裏がある？ …………………………………………………… 52
　　▶マルチ商法とネズミ講
　　　1　消費者被害としてのマルチ商法、ネズミ講／2　マルチ商法とはどのような取引なのか／3　連鎖販売取引と無限連鎖講（ネズミ講）／4　おわりに

13　便利だけど危ないクレジットを知る ………………………………………………… 58
　　▶割賦販売法の消費者保護とその課題
　　　1　クレジットの現状とその問題点／2　割賦販売法の規制対象となるクレジット契約／3　割賦販売法と抗弁権の対抗

14　借りたお金の返し方を考える ………………………………………………………… 62
　　▶多重債務問題と過払金返還請求
　　　1　消費者金融による貸付の現実／2　高金利の規制をめぐる法とその判例理論／3　多重債務問題の解決に向けた法の役割

第Ⅲ部　安全から消費者法を考える

15　食の安全のために消費者は何ができるのか？ ……………………………………… 68
　　▶食品表示をめぐる消費者問題
　　　1　食の安全をめぐる消費者の不信／2　食の表示をめぐる法律と消費者／3　食の安全に関するリスクコミュニケーションと表示のあり方／4　食の安全と消費者ができること

16 製品の欠陥被害から消費者を守るために ·· 72
　▶製造物責任法と被害情報
　　1　製品の欠陥と被害者の救済法理／2　製造物責任法による訴訟の課題／3　事故情報の公開とその重要性

第Ⅳ部　消費者本位の社会実現のために

17 消費者・消費者団体の役割を考える ·· 80
　　1　消費者一人ひとりは小さい存在だが……／2　消費者運動の意義—消費者の組織化を考える／3　消費者運動の類型／4　日本の消費者団体／5　消費者契約法上の適格消費者団体

18 消費者の権利を守る行政の仕組み ·· 84
　　1　なぜ行政が必要なのか？／2　規制行政と支援行政／3　国の消費者行政／4　自治体の消費者行政

19 賢い消費者になるために ·· 90
　▶消費者の権利と責任の自覚
　　1　賢い消費者とは？／2　学校における消費者教育／3　生涯教育としての消費者教育／4　消費者教育の目的／5　権利の自覚から責任の自覚へ／6　消費者教育の体系

20 企業の責任を考える ·· 96
　　1　企業の責務／2　企業の消費者対応／3　自主規制／4　コンプライアンス経営とCSR（企業の社会的責任）

〈資料〉消費者法一覧　　102

第 I 部
現代の経済社会で生きるとは?

私たちの生きている社会はどんな社会か？
▶市場経済の仕組みと市民法を理解する

1 「いちば」と「しじょう」

　市場経済という言葉をよく耳にします。私たちが今生きている社会の経済の仕組みを表す言葉です。「市場」という漢字を見つけたら、皆さんは何と読みますか？　訓読みでは「いちば」、音読みでは「しじょう」と読みますね。ずいぶんイメージが違います。「市場経済」を「いちばけいざい」と読む人がいたら多分笑われてしまうでしょう。どうしてでしょう。たぶん、「いちば」という言葉からは「朝市」のように家の近くで農家の人たちがその日に採れた野菜を売っているような狭い場所や通りでのものの売買をイメージするでしょう。しかし、「しじょう」という言葉からはもっと大規模な売買をする場所（○○卸売市場など）とかあるいは「インターネット市場」と呼ぶように、場所を特定できないような取引の仕組みを想像するからではないでしょうか。
　でも「しじょう」とは「いちば」と同じ原理を意味しているのです。昔はものを売りたい人と買いたい人が広場だとか、通りだとかに集まってきてそこで交渉して、両者の希望が合致すれば売り手のものと買い手のお金あるいはものを交換することで、取引（売買）が成立したのです。そうした取引の場所を市場（いちば）と呼んだのです。
　すなわち、市場(しじょう)は買い手と売り手がものを取引する場であり、価格をめやすに経済的な意思決定が行われます。市場経済とは個人や企業が必要とするほとんどのものを市場を通じて自由に入手する経済の仕組みを指す言葉なのです。市場経済では一般に自由な競争が行われ、生産量や消費量が適切に自動調整されます。日本やアメリカ、西欧などの国々は市場経済を基本とした経済体制を採用しています。特に市場を重視する経済のことを、市場主義経済あるいは自由主義経済とも呼びます。また、高度に発達したそうした体制を資本主義体制と呼びます。

2 「交換」の仕組み

　人間は他の動物と違って、いろいろな道具を発明してきました。歴史を遠くさかのぼって原始時代には、人間も木の実をとったり、魚をわしづかみしたりして食べ物を得ていました。家も穴を掘ったり、木の葉などで雨水を凌ぐような簡単なものでした。しかし、人間は狩猟や漁猟にふさわしい道具を生み出し、その効率を高めていきました。槍や弓、魚を捕る針や網などです。家も木材を加工したり、泥で壁を作ったりするようになりました。道具の発達により人間の技術が向上し、その技術がまたより高度な道具を生み出しました。
　狩猟、漁猟あるいは農作にしても道具の発明により、その生産性は飛躍的

▶1　資本主義（capitalism）についてはいろいろな定義・見解がありますが、ここでは深く立ち入りません。生産手段を持つ資本家が、賃金労働者を使用して利潤を追求する社会システムのことです。私有財産制、私企業による生産、生産のための労働者雇用、市場における競争などを特徴とします。

に増しました。このような段階になると人間はその日に必要な量以上の収穫を得るようになります。そこで、獲物が取れない冬に備えて食料の保存技術も習得するようになります。漬物も、もとは野菜が取れない冬まで腐らないように保存する技術から生まれたものです。量的に必要以上のものを獲得でき、かつ保存もできるようになると、それらは「余剰」として「交換」の対象になってきました。漁民は山のものを、狩人は海のものを食べたいと思ってもそれを捕る技術には長けていません。動物と同様、人類はそうした場合、略奪によってほしいものを得ることもしてきました。しかし、そうした状況で生きていくことは逆に自分たちが他者から攻撃され、略奪される可能性があります。そこで、人類は平和な手段でほしいものを手に入れることも学びました。自分の持っているものと相手の持っているものの「交換」です。

人間以外で「交換」という方法を習得している動物はいないでしょう。なぜでしょうか？「交換」という方法を習得するためには、まずは、「所有」という概念が必要です。自分のものと他人のものを区別する概念が必要であり、また他人のものをその了解もなく、自分のものにすることは許されないという意識も必要です。そして、より高度な概念として、質や大きさが異なるものをどのような比率で交換すれば両者が納得するかという「等価交換」の概念が必要になってきます。通常、交渉によって交換比率は決められます。このように交換が拡大してくると、人間は生活必需品すべてを自分自身で調達するよりも、他人より秀でた技術を持っている分野で財を増やし、それと必要なものを交換したほうが効率的だということを学び始めました。魚猟に長けている人は魚を捕り、農耕に長けている人は農作物を作り、それを必要なものと交換し始めました。市場経済のスタートともいえる交換経済の時代です。

➡ 2 **所有** 法的には、所有権として、物を最も完全かつ全面的に支配する物権であり、財産権の中心をなす私権です。

❗ 沈黙交易

自分の所有しているものを他人のものと交換するという行為は人間以外の動物には見られません。交換には自分の持っているものと他人が持っているものの価値が同じになるように交換（等価交換）するという思考が必要です。現在の我々はものに値段をつけてそれによって価値を判断するということをしています。値段とは通貨による価値の表現です。しかし、人間は通貨が発明されるかなり前にすでに交換を行ってきました。しかも、言葉が通じない相手と対面交渉をすることなしに交換を行ってきました。沈黙交易あるいは無言交易と言われているものです。

沈黙交易は取引の原初的なもので、言葉がまったく通じないような異種部族間等で行われていたものです。例えばある場所に交換したいものを置いておき、立ち去ります。そのものをほしい他の部族がそこへ来て、等価と思われるものを相手のもののわきに置いて立ち去ります。はじめにものを置いた部族は、そこに置かれたものが自分のものと等価だと考えれば相手のものを持ち帰ります。そしてあとからものを置いた部族は自分が置いたものがなくなっていることで相手が交換を承諾したものとしてそれを受け取り、取引が成立するのです。そこでは価値の表示や言葉による交渉はありませんが、実質的に両者が等価だと考える比率でものが交換されるのです。

3 「お金」って何？

しかし、そこでは不自由な点があります。自分は魚をたくさん持っていて、相手は野菜をたくさん持っている。相手は魚をほしいと思っていて、自分は野菜をほしいと思っている。そういう状況であれば、交換が可能です。しかし、自分は野菜ではなく肉をほしいと思っていたら交換は成立しません。そこでだれもが共通して価値を認めるものでとりあえず交換しておき、後でそれを自分の求めるものと交換できればとても便利です。そこで人類はお金（硬貨）というものを考え出したのです。きれいで希少価値がある「金」（GOLD）や銀（SILVER）がそれにぴったりだったのでしょう。それらを使って硬貨が作られるようになりました。「金」を「きん」（GOLD）とも「かね」（通貨）とも呼ぶのもうなずけます。しかし、硬貨も不便です。大量になれば重いし、しかも供給量には限りがあります。そこで紙のお金＝紙幣が登場したのです。しかし、急に紙切れを硬貨の代わりだと言ってもだれも信用しません。そこで、紙幣は兌換券（5頁コラム参照）として発行されたのです。

紙幣の流通によってものの売買や取引が活発になりました。道具や技術の発展により人間は自分が消費する以上のものを大量に作り出すことができるようにもなりました。この余剰を紙幣によって交換することにより経済はどんどん発達します。私たちが生きている社会では必要なものをお金で購入することが当たり前の社会です。ものの価値をお金の単位（日本なら円、米国ならドル）で示すことによってその交換価値を簡単に示しているのです。

あなたの1日の生活を考えてみてください。物を買わない日はありますか？

昨日は風邪を引いて1日中家で寝ていたから何も買っていないという人もいるでしょう。しかし、部屋の明かりはつけたはずです。これは電力会社と契約をして電気を買っているのです。トイレに行ったときに水を流したでしょう。その水は自分の住んでいる自治体の水道局から買っているのです。どちらもあらかじめ契約をして毎月清算する後払いのために買っているという自覚がないだけです。

4 身分から契約へ

経済を発展させていくためにはなるべく各人の活動を自由にして、取引を活発化させる必要があります。イギリスの法制史家メーンは「身分から契約へ」という言葉を残しています。[3] 古代や中世では社会の人間関係は身分によって作られていました。[4] それに対して、市場経済原理を取り入れた近代の社会関係が、自由平等な各人の自由意思による自由な契約を基礎に構成されていることに着目した言葉です。

例えば、大学での講義を考えた場合、皆さんは学生という立場で教員の話を聞きます。教員と学生という立場は生まれながらに持っていて生涯変わることのないような身分ではありません。学生は大学と「在学契約」を結び、授業料を支払って教育サービスを受ける権利を得ます。大学という組織自体が授業をすることはできないので、大学は雇用契約を結び、教員を雇っています。そこで、学生には授業を受ける権利が、教員には授業をする義務が生じ、間接的ですが、契約関係により教員と学生という立場が出来上がっているのです。人間を身分から開放し、自由意思に基づいて人間関係を作ること

➡3 **身分から契約へ** イギリスの法制史家 Henry Maine が著書『Ancient Law』（古代法）（1861年）第5章で残した言葉「from status to contract」。

➡4 ここでいう身分とは貴族、商人、奴隷などの封建的身分。日本における士農工商など。

ができる社会を実現するための法原理を近代市民法と呼び、その中心は民法です。

近代市民法はすべての人は生まれながらに自由、平等であることを明らかにしています。人はだれも分け隔てなく自由、平等であると考えることは民主主義の基本であり、すばらしいことです。しかし、むしろ自由で平等であるという前提に立つことで、現実の自由や平等が確保できないこともあるのです。民法は、取引が当事者の自由意思に基づいて行われることを前提として、いったん契約を締結した後は、契約の拘束力から一方的に逃れることはできないことを基本原則としています。例えば、皆さんは大学に入学する際に、入学金、授業料、設備費等の学納金を払ったと思います。多くの受験生が本命の大学と、いわゆる「滑り止め」の大学を受験します。日本の私立大学の多くは国立大学の合格発表日の前日までに入学金や授業料等の学納金を納めないと入学資格を失うこと、いかなる場合でも収めた学納金は一切返金しないという契約内容を定めてきました。民法の原則によれば、それを承知で学納金を支払ったのだからその大学に行かない場合は、学納金の返金を求めることはできないことになります。しかし、このやり方は受験生の弱みにつけ込んでいるとみることができますし、まったく授業を受けていない段階で入学を辞退したのになぜ授業料等を払わなければならないのかという疑問も当然起こってきました。そうしたなかで教育サービスの購入者も「消費者」という概念で認識し、その立場に立って民法の原則を修正する「消費者契約法」（後述）という法律ができ、一定の条件のもと、入学金については返金義務はないが、授業料については全額返金すべきという最高裁判決が出たのです。これが消費者法といわれる法の存在意義なのです。この本ではこの消費者法の意義と内容について学んでいきます。

→5 市民法に対して社会法という概念があります。市民法原理を修正して成立した社会保障法や労働法等が社会法と言われています。学問的な議論はありますが、市民法がすべての人間を抽象的に平等な市民として捉えてきたのに対して、社会法は人間を一定の階層や集団に属する具体的な人間として捉え、その弱い立場に注目し、一定の法的保護を与えようとしていると理解できます。例えば、労働市場において使用者と労働者は交渉により賃金を決定できることが原則です（市民法原理）が、交渉力の格差等から労働者が労働力を買い叩かれるのを防ぐために社会法としての労働法の1つである最低賃金法が最低賃金を定めています。すなわち、取引の自由を制限していることとなり、市民法原理の修正とされます。

→6 例えば、1789年のフランス人権宣言1条は、「人間は、自由でかつ権利において平等なものとして出生し又は生存する」としています。

→7 「消費者法」という名の法律は存在しません。法律群の総称です。

❗ 兌換券

何かの代替として渡される券・通貨のこと。明治18年（1885年）発行の10円札（大黒札十円券）は日本銀行兌換銀券と言われます。「兌換銀券」とは事実上銀本位制であった当時、銀貨との引き換え証券であったのです。銀に換えることができることを示すように、兌換文言が以下のようにありました。「此券引かへに銀貨拾圓相渡可申候也」（この券引き替えに銀貨十円相渡し申すべき候なり）。現在の紙幣にはこのような文言はありません。すなわち、金や銀への兌換を定めていない「不兌換券」なのです。

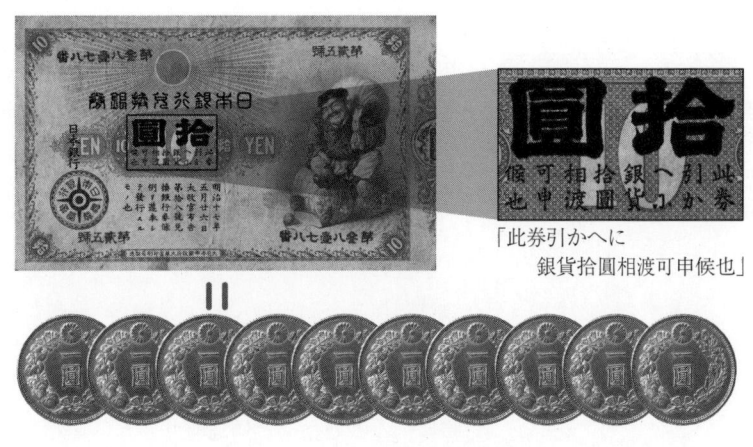

「此券引かへに
　銀貨拾圓相渡可申候也」

（注）上：大黒札十円券、下：一円銀貨（1885年）
（出所）日本銀行金融研究所貨幣博物館所蔵

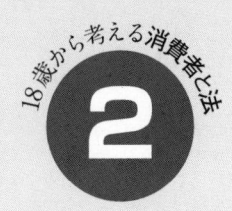

2 生きていくためにしなければならないことを考える
▶生産と消費を考える

1 だれでも豊かなくらしがしたい

　学校に通うのにバスや電車を使っている人は多いでしょう。なぜですか？「遠くて歩いては行かれないから」という理由が一番多いと思います。しかし、江戸時代は歩くのが当たり前でした。東海道五十三次は江戸（日本橋）と京都（三条大橋）を結んだ東海道の53の宿場のことですが、距離にして約500キロメートルありました。江戸時代の旅人は1日8〜10時間、30〜40キロメートルは歩いたそうですから、東海道を2週間くらいで歩き切ったそうです。現代では新幹線や航空機あるいは自動車を利用して移動するのが当たり前です。人間は貪欲な動物です。苦痛なことや不便なことがあるとそれを排除する方法を生み出してきました。歩くのは苦痛だから乗り物を作りました。昔の駕籠（かご）は人に担いでもらって移動する乗り物ですが、これでは乗り心地が悪く、スピードも遅いので、車輪をつけた乗り物を作り、馬や牛に引かせました。動物では効率が悪いので、蒸気機関車を発明しました。蒸気機関車は準備に手間がかかり、力が出ないということで液体燃料を使うエンジンを考え出しました。エンジンは小型化できるので、列車だけではなく、自動車も発明されました。電気が発明されると列車は電気モーターで走る電車が普及し、これが当たり前になりました。家ではどうでしょうか？寒い冬の暖をとるためにはヒーターやストーブを、夏の暑さをしのぐためにはクーラーを発明しました。より快適に過ごしたいという人間の欲望がこうした技術を進歩させてきたのです。美味しいものが食べたい、景色の良い高層マンションに住みたい……人間の欲求にはきりがありません。だれでもより豊かな生活、快適な生活、贅沢がしたいと思うものです。そうした人間の貪欲さが科学技術を進歩させ、いろいろな商品やサービスを生み出してきたのです。

2 どうやってほしいものを手に入れるのか？─消費者としての自分

　学校に行くのに電車やバスを使う人は料金を支払います。なぜお金を払わなければならないのでしょうか？　移動という目的達成のためにそれを自分がするのではなく、他人にしてもらうからです。自分で歩くのはタダですが、運んでもらう場合は運んでくれる人にお金を払わなければなりません。乗り物に乗るということは運輸サービスを購入しているということです。商品についても自分で作る代わりに他人が作った商品をお金を出して手に入れます。高度化した社会ではそもそも自分で作ることなど到底不可能な商品があふれています。例えば、昔は「ダイオードラジオ」という構造の簡単なラジオを科学好きの子どもなら手作りしたものでした。しかし、携帯電話を自分

→1 **サービス**　法律ではサービスのことを役務（えきむ）というのが一般的です。医療の患者は医療という役務の消費者、大学生は教育という役務の消費者ということになります。

で作れる人などいません。レストランは自分で食事を作る代わりに他人に作ってもらってそれを提供してもらう場所です。

すなわち、現代人はお金を支払って自分が必要な多くのものを他人に提供してもらっているのです。代金を支払って商品やサービスを手に入れる行為を「消費」と呼び、消費行為をしている人を「消費者」と呼びます（「消費者」の法的定義については後述します）。したがって、たくさんのものをほしい、より高級なものをほしいと思えば、よりたくさんのお金が必要だということです。

3　どうやってお金を手に入れるのか？―生産者としての自分

現代人は必要なものの多くを消費者として購入していると言いましたが、それはお金がなければ生きてはいけないことを意味します。したがって、私たちはお金を稼がなければ生きてはいけないのです。ではどうやってお金を稼ぐのでしょうか。一生困らないような財産がたくさんある人はそれを取り崩して生きていけるでしょうが、そういう状況にある人はごく一部でしょう。株などの投資で儲けているという人もいますが、利益の裏側には必ずリスクがありますし、それだけで十分お金を稼げるという人もまれです。

趣味と仕事の違いは何ですか？　趣味は好きなことをすること、仕事は嫌でもしなければならないこと……そんなイメージを持つ人が多いでしょう。趣味とは自分自身のためにすること、仕事はだれかのためにすることです。趣味は自分のためにしているから報酬はありません。仕事はだれか他人のためにするから報酬が入るのです。多くの人が通常はだれかのために働くことによってその対価を得て生計を立てています。

現代人の多くは、他人のために商品を生産したり、サービスを提供することによって生活に必要な金銭を受け取り、それを消費に回して生きているの

❗ 陸蒸気（おかじょうき）

日本における本格的な商業鉄道は1872（明治5）年に新橋～横浜間に開通しました。当時の列車は蒸気機関車が客車を引くものでした。蒸気機関車は蒸気船が陸にあがったというイメージであったため、陸蒸気と呼ばれました。その後、鉄道建設は急速に進み、1874年（明治7年）には神戸－大阪間、1877（明治10）年には大阪－京都間が開業しています。ただし、当時、列車はかなり高価な乗り物でした。

蒸気機関車ができる前の鉄道といえば、人が客車を押す人車鉄道や馬が引っ張る馬車鉄道でした。技術の進歩は格段に私たちの生活を豊かで便利なものにしていますが、一方で大惨事を招いたり、環境破壊を引き起こしてきました。安全で環境にやさしい技術が求められていますし、私たち自身も便利さの裏にあるリスクや犠牲になっているものを考える必要があります。

です。個人で生産活動やサービス提供を行えば、自営業者ということになり、会社に入ってそれに従事すれば被雇用者（従業員）ということになります。

皆さんが学校に行って学ぶ理由は何ですか？　良い会社に入りたい、高い収入を得たい……そんな答えが返ってきそうです。なるべく良いところに就職したいと願っている人は多いはずです。企業で働くということは雇用主との間で雇用契約を結ぶということです。そしてより良い条件（待遇や環境など）の企業に就職したいと願って、苦痛な勉強をしているのだと思います。学校で勉強するのも、より質の高い労働者となり、労働市場で買い手である企業に高く売り込みたいからにほかなりません。現代人の多くは労働で賃金を得て、それを消費に回して生きているのです。

➡2　他人のために働くこと（労務）の民事上の分類としては主に、請負、雇用、委任があります。会社員になるということは、使用者（雇用主）の指図に従って働くことを約束し、使用者がそれに対して賃金を払うことを約束する契約を従業員として結ぶこと（雇用契約）を意味します。

4　生産と消費の分離

消費あるいは消費者という概念が重要になるのは、経済発展によって生産と消費が分離されてきたからです。市場経済の発展していなかった時代においては、生産と消費の区別はまったくないか、またはきわめて薄かったと言えます。原始時代に歴史をはるかにさかのぼってみれば、その当時にはまったく生産と消費の区別はありません。山林の果実を採取することは同時に消費することを意味し、したがってこの段階では、生産という過程すらありませんでした。やがて農耕や牧畜の時代に入れば、はじめて生産の過程が生じ、厳密に言えば消費との区別が発生します。人々は田畑を耕し種をまき、成長後に収穫し、これを食料とします。この段階では、田畑を耕し収穫するまでが生産であり、食料として食する段階が消費です。しかし、経済主体としてはひとつの部族なり家族が単位となって生産と消費が行われ、商品としての生産物の交換はまったくないか、またはごくわずかですから、人々は生産と消費との区別について意識することはまったくないか、またはきわめて少なかったと言えるでしょう。もしあったとしても「消費は抑制すべきもの」としてしか意識されない状況でした。

➡3　生産力のきわめて低い段階においては、自然条件に左右されて常に飢餓状況への転落がありえました。したがって、最低限以上の消費は行われるべきではなく、生産物はできるだけ多く貯蓄すべきものであったのです。佐原洋「現代の経済社会における消費者問題」佐原洋＝植野昭＝今井光映＝小木紀之『現代消費生活思想』（法律文化社、1971年）25頁。

しかし、近代経済社会においては、原則として生産と消費は分離されるようになります。人々は生産の場でものを生産し、そして得た所得（貨幣所得）で消費に必要なものを購入します。生産の場は企業であり、消費の場は家庭（家計）なのです。かつて家庭が生産と消費の双方の混在の場であったときに比べて事情はまったく一変しました。消費者とは近代経済社会における生産と消費の分離を前提とした、生産者に対する概念であると言えます。ここでは、私たちが暮らす社会を「生産と消費が分離した社会」として認識してください。この消費者をめぐる問題を考え、その権利や役割についてこれから考えていきます。

5　人間の一生における労働（生産）と消費

人類の歴史は闘争の歴史でもあります。かつて人類は、戦争、略奪、搾取などによって富を得ることを行ってきました。悲しいことに現在も地球のどこかで、そうした争いが起っています。しかし、現代社会では平和的な手段による富の増大と生活水準の向上がめざされています。商品やサービスの生産活動です。そこでは、より少ない労働または費用をもって、いっそう多くのものを得ること、すなわち「生産性」が絶えず求められています。この「生

産性」の追求によって、工業社会へと進展してきました。企業がその中心的役割を担っています。

サラリーマンは平日の日中は企業の中で労働者として生産活動に加わって、その報酬として賃金を受け取り、職場から帰れば消費者として生活に必要なものを購入して生きているということになります。

現代人は20歳前後で就職し、60歳程度で定年となりますから、労働者として生活するのは40年程度ということになります。20歳前後までは親等の扶養家族として生活し（学生がアルバイトをするのも当たり前ではありますが生計を立てているとは言えないでしょう）、定年後は貯蓄や年金によって生活します。人間の寿命がほぼ80歳とすれば、労働者でいるのはその約半分の40年です。

一方、消費者としては、3歳くらいになれば自分で買い物をすることを覚え、小学生になれば自分のお小遣いで買い物をするでしょう。現在は中学生が携帯電話を持つのもめずらしくありません。老後を考えても昔は「老いては子に従え」という言葉にもあるように、子どもに自分の生活の面倒を見てもらうのが当たり前でしたが、現在は子どもとの同居世帯も少なくなり、老後も自分で必要なものを購入することが多くなってきています。すなわち、人生のほとんどを消費者として過ごすのです。ということは自らが、限りあるお金（小遣い、賃金、年金など）をどのように使って安全でより豊かな消費生活を営むかということを絶えず考える必要があるということです。

企業内で生産活動を行う労働者としての権利や、他人のために働く者（職業人）としての責任も重要ですが、消費者としての権利や責任がどのようなものであるかは皆さんにとってとても重要な問題であるということが理解できると思います。

❗ 丁稚奉公（でっちぼうこう）

現在の日本では学校を卒業したらサラリーマン（被雇用者）になるのが当たり前ですが、戦前の被雇用者は、その大部分が農村出身者であり、また一定の年齢に達すると独立して自営業者または零細企業家になる者が多かったことが知られています。独立するまでの就業は雇用主に労働力を提供して正当な賃金を得るというより、むしろ修業させてもらっているという「商店主育成制度」の側面が強かったと言えます。丁稚奉公と言われるものです。

10歳前後で商店に丁稚として住み込んで使い走りや雑役をします。そのなかで、番頭や手代（丁稚から手代や番頭に昇格していく）から礼儀作法や商人としての「いろは」を徹底的に叩き込まれるのです。30歳前後には暖簾（のれん）分けされ自分の商店を持つことが許されますが、そこに到達するまでは厳しい生存競争に勝ち抜く必要がありました。衣食住が確保されるのみで、給与はなく、盆・暮れの年2回、小遣いや実家への手土産、新しい衣服（お仕着せ）などが支給される程度でした。

そこでは「消費」は「浪費」であり、「節約」こそが美徳でした。「節約」して独立資金を貯えることが重要でした。そうした時代が長く続いたために「消費」は悪いものという概念が広がり、「消費」や「消費者」に焦点を当ててそこでの問題を法的に解決しようとする動機が削がれたと指摘する学者もいます。

節約は美徳　　　消費は美徳

3 競争とは何か？

1 競争は市場経済のかなめ

　日本の経済体制は市場経済を基本としていることはすでに述べました。市場経済とは、市場機構（需要と供給）を通じて需給調節と価格調節が行われる経済のことであるとされます。最近、市場経済主義あるいは自由経済主義といった言葉をよく耳にしますが、これは市場機構を重視する経済のことを指します。自由経済という言葉の対立概念は、計画経済です。計画経済とは、生産・分配・流通などを国家が統制し、経済を運営するものです。

　最近では大きな対立としては認識されていませんが、かつての世界政治における「東西対立」はまさにこの対立が元なのです。自由主義を貫こうとする米国をはじめとする先進資本主義諸国（西側）と計画経済主義を唱えるソビエト連邦（崩壊後、ロシアとその他の国に分離）をはじめとする中国などの共産主義諸国（東側）との対立でした。経済に関する主義の違いが政治的対立となり、世界戦争の危機さえ叫ばれていました。[1]

　市場経済のもとでは、商品やサービスの価格は、市場における自由な競争を通じて決められることが原則となっています。企業が自由で闊達な活動を通じて競争することによって、創意工夫が生まれ、より良いものがより安く消費者に供給されることを期待する考えです。消費者の側からするとより良い商品をより安く売っている企業を好むのは当たり前のことです。20歳になると選挙で投票権がありますが、その企業の商品を買うということはその企業に経済的な投票をするのと同じことだという考えがあります。企業はなるべく消費者が自分に投票してくれるように（商品を購入してくれるように）がんばります。他の企業も同じことを考えていますから、他の企業より、より良い商品を作るために技術を磨き、またより安く提供するためにコストの削減に努力します。すなわち、品質面、価格面双方で競争が起きます。それによって消費者は同じ金額を支払うのでも、競争がない社会に比べてより良い商品をより安く手に入れることができるという仕組みです。市場経済はそれをめざしているのです。

2 競争を制限する者が現れたらどうするか？

　こんなことがあったらどうでしょうか。

　「ある商品市場の大手であるA社とB社が激しい競争をしています。A社が苦労してコストを削減して値段を下げるとB社はさらに値段を下げてきます。これでは共倒れと思った両社はこっそり相談してもう競争はやめることを決めました。それぞれが商品の生産量を調整し、値段をそろえて売ることにしました。そのおかげで、商品の価格低下が抑えられ、品質競争もしな

[1] 東西対立は東西冷戦とも言われました。一度戦争になれば取り返しのつかない大戦争になるという思いが戦争がない時代を作ってきたともいえます。ソビエト連邦の崩壊によって冷戦時代は終わりました。東西対立の緩和が各国の自立意識、民族意識を高め、地域紛争の勃発やテロを招いているという指摘もあります。

くて済むようになりました。」

こうした行為をカルテル（ドイツ語のKartell）と呼びます。企業間で価格や生産数量、販売地域などを協定することを意味します。結局、企業がこういうことをすると消費者は競争による恩恵を受けられなくなります。そこで、日本では独占禁止法（私的独占の禁止及び公正取引の確保に関する法律、以下独禁法）という法律で、これを不当な取引制限として禁止しているのです（同法3条後段）。

よく、「定価」（あるいは「正価」）という言葉を耳にしますが、これはどういう意味でしょうか？　後述する公共料金を除いて法律が価格を決めることはまずありません。定価とは売り手がこの値段で売ろうと定めた価格のことです。ですから、その価格で売れなければ売り手は値下げをしてくるのが普通です。しかし、もしある観光地で、ジュース類は300円で売るということを小売店同士で取り決め、価格を統一し、いっさい値引きをしなかったら、カルテルとみなされ、独禁法違反となります。あるいはジュースの製造業者が小売店に消費者への小売価格を300円とすることと強制すれば、これは「小売価格拘束」とされ、やはり独禁法違反になります。なぜ違法なのかといえば、メーカーが小売業者に対し商品の値引き販売を許さないと小売業者間の競争を制限し、消費者が高い買い物をさせられるからです。ただし、一定の商品についてはこれを違法としない「再販売価格維持制度」があります。

商品のカタログやちらし広告などでよく「メーカー希望小売価格」という表現を見ます。これは再販売価格維持制度によって指定された商品以外の商品にメーカーが目安として示している価格です。最近では「オープン価格」と称して、メーカーからは一切小売価格の目安を示さないことも見受けられます。メーカーによる小売業者の競争制限を防止するためにはよいことですが、日本の消費者は何か目安がないと不安に思う傾向があるようです。

➡2　**再販売価格維持制度**（再販制度）　いわゆる「定価販売」を容認する制度です。書籍・雑誌・新聞・音楽CD・音楽テープ・レコードの6品目の商品は再販価格制度に指定されており、定価販売が認められています。こうした著作物に再販制度が導入されている理由としては全国どこでも同じ値段で文化的価値のある商品を国民が入手できるようにするためといった主張がなされていますが、廃止論もあります。

❗ Smoke freeってどういう意味？
「自由」、「競争」の意味を考える

英語の「competition」を「競争」と和訳したのは福澤諭吉と言われています。福澤はいろいろ考えた末、「競争」という訳字を作り出したと、『福翁自伝』で述べています。当時、江戸幕府の役人に「competition」を「競争」と訳して説明したところ、「競い争う」というのは殿様に説明するときは穏やかではないと、その部分を黒く塗りつぶされたということです。日本人は協調や和を重んじる伝統を大切にすると言われていますが、自由に競争するということは良いことなのでしょうか、悪いことなのでしょうか。サッカー、野球あるいは相撲といったスポーツの楽しみは選手が一生懸命競うからです。すなわち競争をしているから観客は楽しいのです。ときたま「八百長」（談合により競争しないことを密約し、競争しているかのごとく見せること）疑惑が報じられることがありますが、もしそれが事実だったら観客はがっかりです。一方、スポーツにはルールが必要ですし、性別や体格に応じたクラス分けなども行われています。これはある程度自由を奪い、競争を制限しているとも取れます。競争は差別につながるという意見もあります。小学校の運動会の徒競走で皆で手をつないでゴールし、順位を決めないというころもあるようです。

Smoke freeの訳を大学生に質問すると回答が真っ二つに分かれます。「喫煙可」という答えと、「禁煙」という答えです。こんな簡単な言葉に対する大学生の回答がまったく異なるのは面白い現象です。正解は後者の「禁煙」を意味します。「free」は「ない」、「影響を受けない」という意味で、「煙のない」「煙の影響を受けない」ということから「禁煙」を意味します。「duty free」といえば、「税金がない」、すなわち、「非課税」という意味であるのと同じです。「free」（自由）という言葉を使っているのに、「禁止」という意味があるのは不思議ではありませんか？　つまり、自分が自由でいられること、社会が自由を大事に守ろうとするとそれは、他人の自由を脅かすような個人の自由は制限されるということを意味します。大勢の人間が他人との接触を持って生きている以上、他人の自由を脅かす自由は認められないということになります。自由や競争が良いか悪いかは二者択一の問題ではなく、その程度や社会に与える影響によって考慮されるべきなのでしょう。「自由」というだけではなく、「公正」が必要であるという主張もあります。キーワードは「公正」（fair）にありそうです。

3　公共料金とは何か？

　料金や価格のなかには、国会、政府や地方公共団体といった公的機関が、その水準の決定や改定に直接かかわっているものがあります。これらは総称して公共料金と呼ばれています。税金や社会保険料も国や公的機関が決めていますが、これはサービスや商品の対価としての料金や価格ではないため、公共料金には含まれません。

　ではなぜ公共料金は必要なのでしょうか。市場に任せるとうまくいかない分野があるからです。巨額の設備投資が必要なため1社の独占にならざるをえない場合（自然独占）、全国どこでも公平なサービスを提供すべき場合（ユニバーサル・サービス）などでは政府によってなんらかの規制が求められます。これらの規制は、サービスを提供できる事業者を限定する参入規制が代表的ですが、参入規制があると競争が働きにくく、料金が適正に決められる保証がないため、あわせて料金に関する規制が必要になります。また、公平なサービス提供の観点から、料金を一定の範囲に規制することが直接のねらいとなることもあります。

　これらの公共料金をその決定方法で分類してみると、国会や政府が決定するもの、政府が認可するもの、政府に届け出るもの、地方公共団体が決定するもの、に大きく分けられます。

　国が決定するものとしては、社会保険診療報酬、介護報酬などが、政府が認可するものでは、電気料金、鉄道運賃、都市ガス料金、乗合バス運賃、高速道路料金などが代表的です。政府に届け出るものとしては電気通信料金、国内航空運賃などがあります。地方公共団体が決定するものとしては、公営水道料金、公立学校授業料、公衆浴場入浴料などがあげられます。

4　公正な競争に必要な正しい情報

　競争にはルールが必要です。ルールを守って競い合うことが重要です。

　事業者が顧客（消費者）を奪い合う競争をするなかで、自らの商品やサービスの良さをアピールする際の広告や表示にウソがあったらそれは正しい競争とは言えません。消費者が商品を選ぶ際の基準となる広告やパッケージなどに書かれている商品説明などが、実際よりも優れているような表示になっていると消費者は選択を誤ります。こうした消費者をだまして商品を購入させる行為を禁止しているのが「不当景品類及び不当表示防止法」（以下、景品表示法。1962年制定）です。景品表示法は「不当景品類及び表示による顧客の誘引を防止するため、一般消費者による自主的かつ合理的な選択を阻害するおそれのある行為の制限及び禁止について定めることにより、一般消費者の利益を保護」することを目的とし、「一般消費者に誤認される表示」を不当表示としています。不当表示があった場合には消費者庁が排除措置命令できることを定めています。景品類とは粗品、おまけ、賞品などです。過剰な景品類で消費者の購入動機を煽ることは禁止されているのです。では「表示」とは何でしょうか？　テレビや街頭の看板等でよく見られる「広告」と違うのでしょうか？「表示」とは、広義には、顧客誘引の手段としてなされるもので「広告」も含まれます。景品表示法は「広告」も「表示」に含めています。しかし、狭義には（食品衛生法など）、パッケージやラベルなど商品に

付着している表示物で、広告とは区別されます。景品表示法は広く不当な表示を禁止する一般法であり、具体的に表示内容・方法を定めるものではありません。[3]他方、分野ごとに具体的に表示内容・方法等を定める法律が多くあります。食品衛生法、家庭用品質表示法、工業標準化法（JIS法）等です。

景品表示法が定める不当表示には、商品・サービスの内容（品質・規格など）に関する「優良誤認」と、取引条件（価格など）に関する「有利誤認」及び、内閣総理大臣が指定するその他の不当表示があります。

○優良誤認（第4条第1項第1号）・・・品質、規格、その他の内容についての不当表示
1 商品又は役務の品質、規格その他の内容について実際のものより著しく優良であると一般消費者に誤認される表示
2 競争事業者の供給する商品又は役務の内容よりも自己の供給するものが著しく優良であると誤認される表示

○有利誤認（第4条第1項第2号）・・・価格その他の取引条件についての不当表示
1 商品又は役務の価格その他の取引条件について、実際のものより取引の相手方に著しく有利であると一般消費者に誤認される表示
2 競争事業者の供給する商品又は役務の取引条件よりも自己の供給する取引条件の方が、取引の相手方にとって著しく有利であると誤認される表示

○その他の不当表示（第4条第1項第3号）・・・商品又は役務の取引に関する事項について一般消費者に誤認されるとして内閣総理大臣が指定する表示[4]

➡3 景品表示法は不当な表示がなされた場合に、消費者庁長官が当該事業者に措置命令を出します。その内容は①不当表示を行っていたことの公示、②再発防止措置、③不作為命令です。この措置命令に返金などの民事救済は含まれません。景品表示法は行政法規であり、民事法規は含まれないからです。そのため、すでに不当表示を信じて商品やサービスを購入してしまった消費者は自ら裁判に訴えるなどして返金などを求める必要があります。ただし、食品のようにすでに購入商品を消費してしまった場合、あるいは購入した証拠が残っていない場合等、不当表示による民事救済制度には課題が多くあります。

➡4 現在以下の6つが指定されています。無果汁の清涼飲料水等についての表示、商品の原産国に関する不当な表示、消費者信用の融資費用に関する不当な表示、不動産のおとり広告に関する表示、おとり広告に関する表示、有料老人ホーム等に関する不当な表示。

❗ たかがおまけ、されどおまけ

おまけというと付随品といったイメージがありますが、おまけが過剰になるとおまけほしさに購入する消費者も現れ、本来の商品やサービスの質と価格を通じて行われる健全な競争を阻害する場合があります。

一般に、景品とは、粗品、おまけ、賞品等を指すと考えられますが、景品表示法上の「景品類」とは、「①顧客を誘引するための手段として、②事業者が自己の供給する商品・サービスの取引に付随して提供する、③物品、金銭その他の経済上の利益」です。くじ等の偶然性によって景品類を提供することを「懸賞」といい、もれなく提供する金品等は「総付景品」、「ベタ付け景品」等と呼ばれています。

従来から、「ブロマイド」と呼ばれる商品がありました。人気歌手やキャラクターの写真です。コレクションの楽しさはだれでも経験があるでしょう。「コレクション」の要素を取り入れたおまけが昔から消費者の購入欲をあおってきました。おまけにつけた写真やキャラクター、あるいはフィギアを中が見えない袋に入れておけば、何が入っているのかわからないわけですから、なおさら販売数を伸ばすことができます。

景品表示法は商品の値段（取引価格）に占める景品の価格（コスト）の上限を決めて規制しています。したがって、景品の価格がそれより安い場合は規制が難しくなります。射幸心をあおるおまけ付き商品の議論が必要です。

消費者の権利を考える
▶消費者基本法の意義

1 「消費者」とはだれか？

　消費者の定義についてまず見てみましょう。「消費者とは他人の供給する物資・役務を消費生活のために購入・利用する者であり、供給者に対する概念である」(竹内昭夫教授)、「消費者とは国民一般を消費生活という市民生活の側面で捉えた概念だということができる」(加藤一郎教授)、「消費者とは、企業としての供給者が供給する財・サービスを購入し消費する経済主体である」(宮坂富之助教授)などです。表現は異なりますが、共通している概念は自らの生活のためにものやサービスを購入する者ということになるでしょう。例えば、ある製造者が欠陥品を作ったとします。それと知らず、製造者は流通業者に卸します（知っていて売ってしまうこともあるかもしれません）。流通業者は小売店に売るために購入したのでその商品を使用するわけではありません。したがって、欠陥品であることを知らずに小売店にそれを売ります。小売店も同様に消費者にその商品を売ります。欠陥品であることを知らずに購入した消費者は使用する過程で欠陥品による被害を受けることになります。すなわち、消費者はものやサービスの流通の最終段階に位置する「生きた人間」であるということです。完全な自給自足の生活がありえない現代においては、すべての国民が消費者です。大企業の社長でも権力者でも消費者であり、そして生身の人間なのです。消費者被害はだれにでも起こりうることであり、消費者問題はすべての国民が直面する問題であるのです。

　しかし、消費者という概念は国民そのものではなく、その一面を捉えた概念です。「生涯の消費生活のために、事業者が供給する商品・サービスを購入し、消費・使用し、利用する自然人[1]」(及川昭伍氏)こそが消費者です。すべての人々の消費生活に焦点を当てた概念が消費者という言葉なのです。また、「営業」という概念との対比で消費者概念を説明する場合もあります（大村敦志教授）。「営業」とは反復継続して利益を得ることを意味し、そこには、「専門性」と「営利性」とが含まれています。そして、営業との関連性を中心として消費者という概念を構成することは、「非専門性」と「非営利性」を消費者の特徴とすることを意味します。

　ここで留意しなければならないのは、国民すべてがいかなるときでも消費者であるわけではないということです。国民には多くの側面があり、おおむねその側面に対応した社会ルールが定められています。例えば、公民あるいは市民としての側面には選挙法、納税法などがあり、家庭人、家族としての側面には家族法があります。労働者としての側面には労働者の権利を守る労働法があります。消費者としての側面に注目してできた法律は消費者法あるいは消費者保護法と呼ばれます。近代（現代より前という意味）においては、

➡1 **自然人**　出生から死亡まで等しく完全な権利能力を認められている人間を言います。**法人**とは、自然人以外で、法律上の権利義務の主体となることができるものです。一定の目的の下に結合した人の集団です。

取引の主体は「人」として把握されるのみであり、そこでは、各人の知識・経験・経済力などはすべて捨象され、対等なものとされていました。一律に、「人」は自らの欲求を満たすために自らの能力と責任で行動できるものであるとされました。「人」はどのような契約内容も自由に締結することができるが、いったん契約の締結をした以上は、それに拘束されると考えたのです。しかし、取引の相手方の売り手は現代社会では個人であることはめずらしく、企業であり、大企業もたくさんあります。消費者取引は通常、法人と自然人の取引ということになります。もはや「消費者」と「企業」を「人」として同一視し、対等な存在と考えることはできなくなってきたのです。

2 消費者の権利とは何か？

人はなぜ取引をするのでしょうか。例えば、ある消費者が自分の好きな服を1万円で購入することを考えてみましょう。なぜ、その消費者は自分の持っている1万円をその服に交換するのでしょうか。逆に、その服の売り手はなぜ、その服を1万円に交換するのでしょうか。近代経済学は、売り手にとっても買い手にとっても経済的な利益になるからだと考えます。すなわち、自分にとって利益になるから取引をしたのであり、この場合は、買い手は1万円をその服に換えることが、売り手にとっては服を1万円に換えることが経済的な利益になると考えたから、そうしたのです。しかし、経済学において、レモン市場（lemon market）という概念があります。レモンとは、アメリカの俗語で欠陥車等を意味します。欠陥車を承知で車を購入する消費者はいません。購入してはじめて、それがレモンであることに気づきます。実際に購入してみなければ、真の品質を知ることができない財が取引されている市場を、レモン市場と呼びます。レモン市場では、売り手は取引する財の品質をよく知っているが、買い手は財を購入するまでその財の品質を知ることはで

❗ 「消費者の権利」裁判

40年近く前のことですが、主婦連合会は公正取引委員会が認定した公正競争規約（業界などが自主的に作成して公取委の認定を得る）に、まったく果汁が入っていない飲物には「無果汁」との表示を義務付けるよう要求しましたが聞き入れられませんでした。そこで主婦連は1971年4月、消費者団体としては日本ではじめて景品表示法の規定にある「不服の申し立て」を行いましたが、公取委は審決で消費者や消費者団体には「不服を訴える資格はない」としました。納得できない主婦連は裁判に訴えましたが、東京高裁（1974年7月）、最高裁（1978年3月）、いずれも訴える資格はないと門前払いしました。消費者の利益は政策遂行の結果得られる「反射的利益」であり、具体的な法益としての「消費者の権利」ではないというのです。この裁判は「主婦連ジュース裁判」と呼ばれ、その意義から「消費者の権利」裁判とも言われます。

最近では、民主党政権下の前原誠司国土交通大臣（当時）による京成・成田空港線（成田スカイアクセス）の運賃認可が不当であるとして沿線住民16名と企業1社が2010年8月17日、東京地裁に国が京成電鉄に与えた運賃認可の取消しなどを求める行政訴訟を起こしました。訴状によると原告側は、北総線を利用して都心と成田国際空港を結ぶ成田スカイアクセス開通に伴い親会社である京成電鉄が北総鉄道に線路使用料を実質的に支払わないために、他の大手私鉄よりおおむね2倍以上、通学定期で4倍以上高い北総線の運賃が下がらないなどと主張し、線路使用条件や北総線運賃の認可取消し、国の運賃値下げ命令などを求めています。

「北総線値下げ裁判の会」による提訴報告会
（2010年8月17日　千葉県白井市にて）

きません。すなわち、情報の非対称性が存在するのです。これは消費者がその車の安全性に関する情報を知らされていないという問題です。そしてその欠陥の度合いが不都合や不便といった程度にとどまればまだしも、安全上の重大な欠陥があれば、人の命にかかわる問題となります。

すなわち、消費者が取引によって利益を得るためには一定の条件があることになります。そこで、法的に「消費者の権利」という概念を用いて、それが確保されていなければ消費者が利益を享受することができない、あるいはその利益が減じてしまうということを明らかにしているのです。特に欠陥品により消費者の生命や身体が危うくなるというのであれば、これは利益どころか致命的な不利益を消費者は被ることになります。

消費者の権利という概念がはじめて社会的に明らかにされたのは、1962年に米国のケネディ大統領が発表した「消費者利益の保護に関する特別教書」[2]においてです。この中では、「安全である権利」(the right to safety)、「知らされる権利」(the right to be informed)、「選ぶ権利」(the right to choose)、「意見を聞かれる権利」(the right to be heard) の４つの消費者の権利がうたわれました。商品が安全であること、情報が十分に消費者に提供されていること、消費者が自由に市場に出回っている商品から自分にあったもの選べること、消費者の意見が社会に反映されることを権利として表明したのです。この教書は、アメリカのみならず世界の国々の消費者政策の出発点となりました。

その後、1975年にはフォード大統領が「消費者教育の権利」(the right to consumer education) を５つ目の消費者の権利として追加しています。消費者が賢くならなければ上記の消費者の権利は守れません。しかし、ただ消費者に賢くなれと言ってもそれは困難です。そこで、消費者にはそのための知識や技量を得る権利があると述べたのです。

さらに、国際的な消費者団体連合組織である国際消費者機構（CI）[3]が救済を受ける権利 (the right to redress)、健康的な環境を享受する権利 (the right to a healthy environment)、最低限の需要を満たす権利 (the right to satisfaction of basic needs) を加え、国際的には８つの消費者の権利が主張されています。CIが追加したこの３つの権利のうち、後者の２つは主に発展途上国から声が上がったものであり、劣悪な環境下で生きなければならない消費者、生きるための最低限の必需品でさえ満足に手に入れられない消費者を意識した権利宣言です。

CIが説明する８つの消費者の権利は以下のとおりです(順序はCIによる)。

① 最低限の需要を満たす権利　　十分な食料、衣服、住居、医療、教育、公共サービス、水、衛生施設など、基本的で必須な製品やサービスを得られる権利
② 安全である権利　　健康や生命に危害を与える製品、製造プロセス、サービスから保護される権利
③ 知らされる権利　　十分な情報に基づいた選択を行うために必要な事実を知る権利；不正で誤った判断をさせる広告や表示から保護される権利
④ 選ぶ権利　　競争価格で提供される、満足できる品質を持った一連の製品・サービスから選択できる権利
⑤ 意見を聞かれる権利　　政府の政策決定・実施や、製品・サービスの開発において、消費者の利益が代表される権利

[2]「消費者利益の保護に関する特別教書」 John F. Kennedy, "Special Message to the Congress on Protecting the Consumer Interest", March 15, 1962.
教書とは、大統領が連邦議会に対して口頭ないし文書で行う報告や勧告のことです。ジェファーソン大統領が議会に自ら出席せず、書記に朗読させたことからこの名があるといわれています。

[3] Consumers International, 旧名 International Organization of Consumers Unions. 世界の消費者団体で組織する国際民間団体（NGO）です。

⑥ 救済を受ける権利　まがい物や不実表示、不十分なサービスへの補償を含め、正当な賠償請求に対して公正な解決を受ける権利
⑦ 消費者教育を受ける権利　基本的な消費者の権利・責任と、そのために取るべき行動を認識すると同時に、製品やサービスについて、十分な情報に基づき自信を持って選択するのに必要な知識や技量を得る権利
⑧ 健康的な環境を享受する権利　現在と将来の世代の福祉を脅かさない環境で生活し、働く権利

3 日本での消費者の権利規定

日本では、消費者政策の最重要法である消費者保護基本法が1968（昭和43）年に制定されました。同法では消費者の権利の明文化はなされませんでした。その後、消費者団体や学者から同法を改正して消費者の権利を明文化するよう立法運動が起きていましたが、長年放置され、36年後の2004年にはじめて改正されました。名称は消費者保護基本法の「保護」の文字が消えて、消費者基本法となり、消費者の権利の内容が明示されました。

まず、消費者基本法1条は本法の目的について以下のように述べています。

> 第1条（目的）
> 　この法律は、消費者と事業者との間の情報の質及び量並びに交渉力等の格差にかんがみ、消費者の利益の擁護及び増進に関し、消費者の権利の尊重及びその自立の支援その他の基本理念を定め、国、地方公共団体及び事業者の責務等を明らかにするとともに、その施策の基本となる事項を定めることにより、消費者の利益の擁護及び増進に関する総合的な施策の推進を図り、もつて国民の消費生活の安定及び向上を確保することを目的とする。

ここでは、消費者と事業者の間に格差があることを明らかにし、消費者の権利の尊重をうたっています。しかし、消費者の権利の内容にはふれていま

❗「基本法」とは何か

現在、日本で「基本法」という題名がつけられている法律は環境基本法、教育基本法、食品安全基本法など38あります。これらの法律は国政に重要なウェイトを占める分野について国の制度、政策、対策に関する基本方針を明示したものであり、その規律の対象としている分野については、基本法として他の法律に優越する性格を持ち、他の法律がこれに誘導されるという関係に立っているとされます。その反面、直接に国民の権利義務関係に影響を及ぼすような規定は設けられず、訓示規定とかいわゆるプログラム規定でその大半が構成されているのが特徴です。

●日本の「基本法」一覧

消費者基本法	犯罪被害者等基本法	中小企業基本法
高度情報通信ネットワーク社会形成基本法	自殺対策基本法	食料・農業・農村基本法
地理空間情報活用推進基本法	公共サービス基本法	バイオマス活用推進基本法
知的財産基本法	教育基本法	森林・林業基本法
国家公務員制度改革基本法	科学技術基本法	水産基本法
海洋基本法	文化芸術振興基本法	ものづくり基盤技術振興基本法
宇宙基本法	障害者基本法	エネルギー政策基本法
中央省庁等改革基本法	肝炎対策基本法	原子力基本法
男女共同参画社会基本法	がん対策基本法	観光立国推進基本法
食育基本法	環境基本法	土地基本法
少子化社会対策基本法	生物多様性基本法	災害対策基本法
高齢社会対策基本法	循環型社会形成推進基本法	住生活基本法
交通安全対策基本法	食品安全基本法	

せん。2条（基本理念）は以下のように述べています。

> 第2条（基本理念）
> 　消費者の利益の擁護及び増進に関する総合的な施策（以下「消費者政策」という。）の推進は、国民の消費生活における基本的な需要が満たされ、その健全な生活環境が確保される中で、消費者の安全が確保され、商品及び役務について消費者の自主的かつ合理的な選択の機会が確保され、消費者に対し必要な情報及び教育の機会が提供され、消費者の意見が消費者政策に反映され、並びに消費者に被害が生じた場合には適切かつ迅速に救済されることが消費者の権利であることを尊重するとともに、消費者が自らの利益の擁護及び増進のため自主的かつ合理的に行動することができるよう消費者の自立を支援することを基本として行われなければならない。（以下省略）

　消費者基本法での消費者の権利の表現の仕方はこのように間接的です。どういう権利のことを言っているのか、当該文の後に（　）で示します。

> 「国民の消費生活における基本的な需要が満たされ（**最低限の需要を満たす権利**）、その健全な生活環境が確保される（**健康的な環境を享受する権利**）<u>中</u>で、消費者の安全が確保され（**安全である権利**）、商品及び役務について消費者の自主的かつ合理的な選択の機会が確保され（**選ぶ権利**）、消費者に対し必要な情報（**知らされる権利**）及び教育の機会（**消費者教育を受ける権利**）が提供され、消費者の意見が消費者政策に反映され（**意見を聞かれる権利**）、並びに消費者に被害が生じた場合には適切かつ迅速に救済される（**救済を受ける権利**）<u>ことが消費者の権利であることを尊重する</u>……」

（　）及び下線、筆者加筆

　このようにはじめの2つの権利規定は、「中で」という言葉で括られており、その他の規定も「消費者の権利であることを尊重」することが消費者政策の推進の基本理念であることを述べているにすぎません。また、その権利規定の内容については具体的に述べられていません。中国や韓国などでも消費者の権利を明示した法律がありますが、このような間接的な表現ではありません。[4]

　続いて、3条では国の責務を以下のように述べています。

> 第3条（国の責務）
> 　国は、経済社会の発展に即応して、前条の消費者の権利の尊重及びその自立の支援その他の基本理念にのっとり、消費者政策を推進する責務を有する。

　同条以降、本法は、基本的施策として、国が「安全の確保」、「消費者取引の適正化」、「計量の適正化」、「規格の適正化」等の施策を講ずることなどを規定しています。

　それでは、消費者の権利とはどのような法的意味があるのでしょうか？消費者の権利を考える場合、理念としての「消費者の権利」と具体的な権利としての「消費者の権利」に分けて考えることができます。

● 理念としての「消費者の権利」

　理念として明確化されることによって、消費者政策の指導原理等として機能し、個別の法の改正や新たな法律作りの理念となります。ただし、この規

---

[4] 例えば、韓国には「消費者基本法」（19頁のコラム参照）、中国には「消費者権益保護法」、タイには「消費者保護法」があり、消費者の権利が明文化されています。特集「アジア諸国の消費者保護と法」アジ研ワールド・トレンド95号（2003年）参照。

定を根拠に直接消費者の救済を図ることは不可能です。

● 具体的な権利としての「消費者の権利」

　法によって保護に値する正当なものとみなされている利益のことです（私法的権利）。そのような正当な利益の侵害に対しては訴えによって救済を与えます。私法的権利として確立すると、権利侵害があった場合には、権利侵害を受けた消費者は損害賠償請求権や差止請求権等が与えられ、自ら救済を求めることが可能となります。ただし、私法の権利として明定するためには、だれがだれに対しどのような作為または不作為を求めることができるかを明確にする必要があります。

　消費者基本法に示された消費者の権利は消費者に与えられた具体的な権利（私法的権利）ではなく、理念としての権利であると解されます。それは、本法の2条で「基本理念」として述べられていることからも明らかです。すなわち、消費者政策の理念は「消費者の権利」を尊重することにあるということであり、ここで、消費者に個別具体的な権利を付与したものではないと解されます。

　ここで注意したいのは、「消費者の権利」として法律に書いてあるから具体的な権利であるわけでもなく、「消費者の権利」として明定していなくても、具体的な権利を定めている場合があるということです。例えば、後述する特定商取引法などには「無条件解約権」（クーリング・オフ権）が定められており、消費者は一定の期間内であれば自由に契約の解除ができますが、これは法律の中では「消費者の権利」という形で明示しているわけではありません。しかし、これらは具体的な私法上の消費者の権利を定めたものなのです。

❗「消費者の権利」日韓比較

中国や韓国でも消費者の権利を明示した法律がありますが、日本のような間接的な表現ではありません。消費者基本法における消費者の権利規定がこのように間接的な表現であるのは国会（立法府）での立法過程で消費者の権利を明示することをきらう動きがあったことは否めません。法律とは妥協の産物でもあるのです。韓国では、1980年に「消費者保護法」（現、消費者基本法）が制定され、1986年の改正で消費者の権利規定が挿入されました。改正法は、消費者の基本的権利（7項目。のちの改正で1項目追加、さらに改正を経て、消費者基本法に改称）を以下のように示しています。

〈日　本〉	〈韓　国〉
消費者基本法第2条「基本理念」	消費者基本法第4条「消費者の基本的権利」
消費者の利益の擁護及び増進に関する総合的な施策（以下「消費者政策」という。）の推進は、国民の消費生活における基本的な需要が満たされ、その健全な生活環境が確保される中で、消費者の安全が確保され、商品及び役務について消費者の自主的かつ合理的な選択の機会が確保され、消費者に対し必要な情報及び教育の機会が提供され、消費者の意見が消費者政策に反映され、並びに消費者に被害が生じた場合には適切かつ迅速に救済されることが消費者の権利であることを尊重するとともに、消費者が自らの利益の擁護及び増進のため自主的かつ合理的に行動することができるよう消費者の自立を支援することを基本として行わなければならない。（以下省略）	消費者は、自らの安全と権益のため、次の各号の権利を享有する。 1. すべての物品及び役務による生命・身体及び財産上の危害から保護される権利 2. 物品及び役務を選択するにあたって、必要な知識及び情報の提供を受ける権利 3. 物品及び役務を使用または利用するにあたって、取引の相手方・購入場所・価格・取引条件などを自由に選択する権利 4. 消費生活に影響を与える国家及び地方自治体の政策と事業者の事業活動などに対し、意見を反映させる権利 5. 物品及び役務の使用または利用により被った被害に対し、迅速かつ公正な手続きによって適切な補償を受ける権利 6. 合理的な消費生活を営むために必要な教育を受ける権利 7. 消費者自らの権益を擁護するため、団体を組織し、これを通じて活動する権利 8. 安全かつ快適な消費生活の環境で消費する権利

5 法体系の中の消費者法

1 法の分類と消費者法

「消費者法」とは消費者の権利・利益を守る機能を有する法領域・法律群のことを言うのであり、「消費者法」という名の法律があるわけではないことにまず留意してください。

前章で述べた消費者基本法の理念のもと、いろいろな法律が制定されたり、改正されたりして消費者の権利を守る機能を果たしているといえます。

法律はいろいろな観点での分類が可能ですが、だれが利用することを想定しているかで以下のように分類することができます。

- **民事法規** 消費者に具体的な権利を与え、企業によってその権利を侵害されたときに司法（裁判所）の場で消費者自らが権利回復を求めることができる。例：消費者契約法、製造物責任法。

- **行政法規** 行政が消費者の権利や利益を侵害する企業の違法行為を予防したり、止めさせたりするために、一定の要件のもと免許等を与え、問題があったときは免許をはく奪したり、営業の停止処分をすることができる。例えば、建築業法、保険業法などのいわゆる「業法」。産業や業界の保護育成を目的として、あわせて消費者の権利・利益の擁護に資するものが多い。

- **刑事法規** 法益を侵害する行為が著しい場合に犯罪としてその行為を行った者を処罰する。刑法典上の「詐欺」、「強迫」、「業務上過失致死罪」等も場合によっては消費者被害事案で追及できる。さらに行政法規には一定の違法行為や主務大臣の命令に従わなかったときに刑事罰を科すことを定める刑事法規（行政刑法）を含むものも多い。一定の行為違反について罰則を科す刑事罰規定を直罰規定、違反行為があった場合にまずは行政庁が命令を出し、それに従わなかった場合に罰則を科す刑事罰規定を間接罰規定という。

消費者法と言われる一連の法律には消費者基本法に加え、これら民事法規、行政法規、刑事法規が含まれます。ただし、これら複数の機能を有する法律も多くあります。考え方としての分類です。例えば、特定商取引法（旧・訪問販売法）は行政法規を中心とする法律ですが、クーリング・オフ権などの民事法規と罰金等の処罰規定を設けた刑事法規（行政刑法）も含んでいる法律です。

これらの関係を示したのが、21頁のイラストです。

日本では公法（ここでは、行政法規と刑事法規）と私法（民事法規）が基本的

→1 かつては、「消費者保護法」と呼ぶのが一般的でしたが、消費者を保護の対象と考えるのではなく、権利主体として捉え、その自立を促す機能を有すべきという考えから、「保護」の文字をとり、「消費者法」とするのが普通になってきました。1968年制定の「消費者保護基本法」が2004年に改正され、「消費者基本法」となったのもこの主旨です。

→2 業法 「ぎょうほう」と言われるものです。〇〇業法など、業種ごとの行政法規であることからこのように呼ばれています。

→3 例外的な制度として、2006年に組織犯罪処罰法（刑事法規）が改正されて、組織犯罪事件で国が追徴・没収した犯罪収益から、犯罪被害者に「被害回復給付金」の支給を検察官が行うこと

20　第Ⅰ部　現代の経済社会で生きるとは？

に異なる目的・法理を持ったものとして扱われています。民事法規を使って、消費者は自らの権利・利益の回復（被害救済）を図ることができますが、行政法規や刑事法規を自らが利用することはできません。逆に行政は行政法規によって事業者を処分する権限を、検察官は刑事法規により刑事訴追する権限を有しますが、事業者に消費者の被害救済を命じる民事法規上の権限は与えられていないのです。
➡3

ただし、被害を受けた消費者が行政や警察に対して何も言えないのかというとそうではありません。消費者が行政に対して行政権限を行使するよう促す制度としては、独占禁止法や特定商取引法等に消費者等の申し出権規定があります。
➡4
被害者等が警察・検察に刑事訴訟を促す制度としては、告訴（犯罪被害者の申し出、刑事訴訟法230条）、告発（第三者による申し出、刑事訴訟法239条1項）制度があります。ただし、企業による経済犯罪に対する告訴、告発の受理に対しては警察はあまり積極的でないことが指摘されています。

なお、これら民事法規、行政法規、刑事法規のほかに、自主規制という分野もあります。事業者あるいは事業者団体自らがルールを作って、自らが守るというものです。コンプライアンス経営という言葉が最近聞かれるようになってきましたが、コンプライアンスとは「法令遵守」という意味です。企業自らが倫理行動基準等を公表して法令遵守や社会的貢献（企業の社会的貢献＝CSR, corporate social responsibility）などを誓うものです。

例えば、通信販売で返品可能とする事業者がありますが、通信販売に法律（特定商取引法）上クーリング・オフ（無条件解約権）の義務付けはありません。事業者が自主的に設けている制度です。自主規制によるルールということになります。
➡5

➡4　例えば、特定商取引法60条1項「主務大臣に対する申出」は「何人も、特定商取引の公正及び購入者等の利益が害されるおそれがあると認めるときは、主務大臣に対し、その旨を申し出て、適当な措置をとるべきことを求めることができる。」とし、同2項は、「主務大臣は、前項の規定による申出があつたときは、必要な調査を行い、その申出の内容が事実であると認めるときは、この法律に基づく措置その他適当な措置をとらなければならない。」と定めています。

➡5　自主的な返品ルールは法律上のクーリング・オフ権とは返品可能な場合の条件や費用負担が異なる場合があるので注意が必要です。法律上のクーリング・オフでは商品の引き取り費用は販売業者が負担すると規定されていますが、通信販売における返品規定では送料は消費者負担としている事業者が多くあります。

が可能となりました。また、殺人、傷害などの故意の犯罪行為により人を死亡させたり傷つけた事件などの被害者またはその相続人などは、刑事裁判所に対し、起訴後、刑事裁判の弁論が終わるまでの間に、被告人に対する損害賠償命令を申し立てることができる「損害賠償命令制度」が2008年から施行されました。これは刑事手続きに付随して民事救済を行うもので、画期的な動きです。

❗ 各法規の適用関係

法律は武器と同じです。だれかそれを使う人がいなければ役に立ちません。使わなかったらただの紙に書かれた文字です。それを利用することによって何らかの効果を及ぼします（法のenforcement）。武器である法律は公報と私法の分離が明確であることから使うことができる人が限定されています。民事法規は被害を受けた消費者が使うことができます。行政法規は権限を与えられた行政機関が使うことができます。刑事法規は検察官が使う法律です。

2 消費者法はいくつあるの？

通常、消費法は消費者基本法に定める消費者の権利規定との関連でその性格を理解することが妥当です。内閣府が発行する『ハンドブック消費者2007』では、消費者基本法に定める消費者の権利と基本的な施策との関係について23頁のように図解されています。

ここでは、消費者の権利について述べている同法第2条第1項のうち前段にある、「国民の消費生活における基本的な需要が満たされ、その健全な生活環境が確保される中で」の文中でふれられている、「最低限の需要を満たす権利」及び「健康的な環境を享受する権利」については、同法の基本的施策との関係を提示していません。[→6] そして、安全の確保（安全である権利）は、同法11条「安全の確保」が対応し、選択の機会の確保（選ぶ権利）は、同12条「消費者契約の適正化等」、同13条「計量の適正化」、同14条「規格の適正化」、同15条「広告その他の表示の適正化」、同16条「公正自由な競争の推進等」が対応し、必要な情報の提供（知らされる権利）及び教育の機会の確保（消費者教育を受ける権利）は同17条「啓発活動及び教育の推進」が対応し、消費者の意見の反映（意見を聞かれる権利）は、同18条「意見の反映及び透明性の確保」が対応し、消費者被害の救済（補償を受ける権利）は同19条「苦情処理及び紛争解決の促進」が対応しています。これら以外の基本施策として、20条「高度情報通信社会の進展への的確な対応」、21条「国際的な連携の確保」、22条「環境の保全への配慮」、23条「試験、検査等の施設の整備等」が定められています。では、これらの消費者基本法上の基本施策と個別の消費者法はどのように対応しているのでしょうか？

実は、国は基本施策と個別の消費者法との関係を示してはいません。[→7] かつて、北川善太郎教授は、消費者関連の行政法規について、本来的消費者保護法と機能的消費者保護法があるように思うと述べています。[→8] 前者は一般的ないしは特定の問題領域における消費者保護のための諸立法群であり、後者は本来的にそれぞれの行政目的があり、それと関連して消費者保護が企図され、あるいはその目的の実現によって消費者利益が保護されるものです。ここでは大まかな分類ごとに主な法律だけを示します。消費者法を目的別に大別し、①安全性の確保、②契約の適正化、③表示の適正化の3つが挙げられることが多くあります。以下にその目的ごとの主な法律を見てみましょう。

● 安全の確保
製造物責任法【民事法規】（消費者庁）、食品衛生法（消費者庁・厚労省）、薬事法（厚労省）、消費生活用製品安全法（消費者庁・経産省）、電気用品安全法（経産省）など多数。

● 契約の適正化
消費者契約法【民事法規】（消費者庁）、特定商取引に関する法律（特定商取引法）（消費者庁・経産省）、利息制限法【民事法】、金融商品の販売等に関する法律（金融商品販売法）【民事法】（消費者庁）、保険業法（金融庁）など多数。

● 表示の適正化
不当景品類及び不当表示防止法（景品表示法）（消費者庁）、計量法（経産省）、農林物資の規格化及び品質表示の適正化に関する法律（JAS法）（消費者庁・

→6 この2つの権利概念は前述のように発展途上国の消費者を意識してCIにより提唱されたものであり、先進国ではあまり議論になっていないということもあります。立法審議の過程における野党の要求のより、理念規定の中に文言が挿入されたという経緯があります。

→7 内閣府はほぼ毎年発行する『ハンドブック消費者』1993年版までは、消費者保護関連法について列記していましたが、それ以降は行われていません。何がその範疇に入る法律なのかの線引き、目的による分類が困難となっているためでしょう。

→8 こうした概念による分類も現在の多様化した消費者法にあてはめることは困難である場合も多く、ここではあえてこうした分類は試みていません。

農水省)、健康増進法(消費者庁・厚労省)など多数。

　ここで疑問を持つ人もいるでしょう。それは法律名に「消費者」の文言がつかない法律がたくさんあることです。条文中にでさえ「消費者」の文字がない法律もたくさんあります。ではなぜそれらも消費者法と考えられるのでしょうか？　それは「消費者」という概念も契約の当事者としての「購入者」であったり、不法行為の「被害者」であったりするからです。また、消費者を含みながらそれよりも広範な人を保護の対象にしている場合もあるからです(製造物責任法は法人も救済の対象となります)。要するにその法律の立法主旨が消費者の権利・利益擁護を目指したものであること、あるいは実際にそれに貢献しているといった観点で消費者法に分類しているのです。

　そのために消費者法という分野は範囲が広く、またその範囲自体を明確に区分できないといった問題があります。またその機能も多岐にわたっています。こうしたことが「消費者法」という独自の学問領域の確立が遅れ、大学の法学部でも「消費者法」の専任教員を配置せず、講義課目を設けていない場合が多い状況を生んでいます。

　巻末に消費者基本法の「基本的施策」に対応させる形で消費者法を便宜上整理してみました。どのくらいの数の法律が消費者の権利や利益に資しているのかを知る目安にしてください。消費者法は民事法、行政法、刑事法の広範な法領域に及んでおり、またその主管官庁も多岐にわたり、複数の官庁が共管する法律も多いことがわかります。

➡9　消費者法は英米では consumer law ですが、フランスでは droit de la consommation、すなわち、「消費法」です。日本では「消費法」とは言いません。一方、労働分野の法は「労働法」と言いますが、「労働者法」とは言いません。なぜそのような違いがあるのか定かではありません。

➡10　2008年になって日本消費者法学会が設立されました。

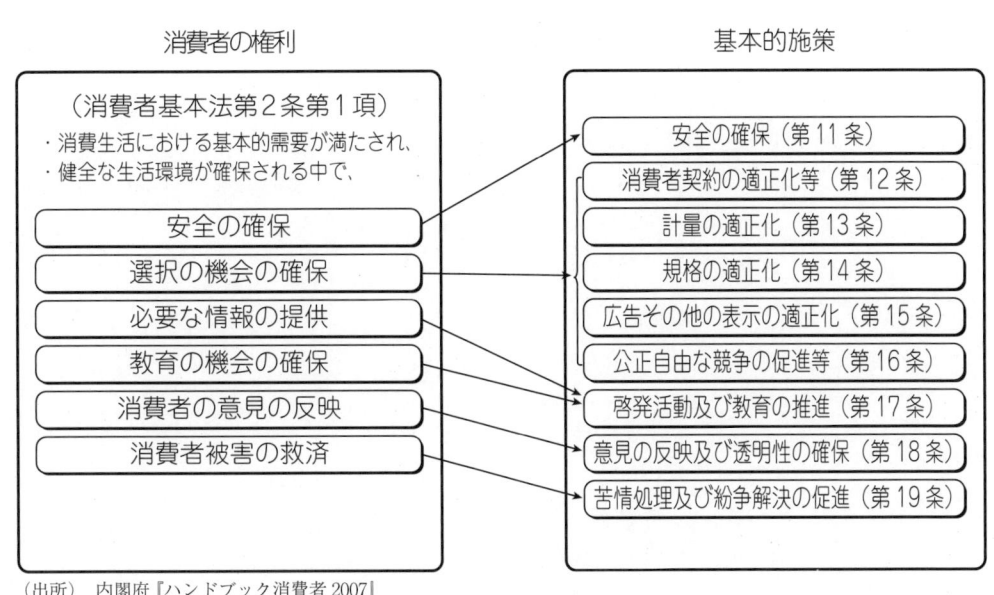

● 消費者基本法の「消費者の権利」と基本的施策との関係

(出所)　内閣府『ハンドブック消費者2007』

第Ⅱ部
取引被害から消費者法を考える

6 消費者法って何だろう？

18歳から考える消費者と法

1 消費者基本法の考える消費者政策の理念

2004年6月2日、「消費者保護基本法」が30数年ぶりに改正されて、「消費者基本法」が制定されました。基本法という名称がついた法律は、その領域の政策を動かす土台となる考え方を示すものです。消費者基本法の制定によって、消費者政策の理念は、「消費者の保護」にとどまらず、消費者の権利の尊重と自立支援を基本とすることにも広がったのです。消費者基本法は、消費者の自立支援を目的とする施策の展開に際して、権利として尊重すべき8種類の項目をその基本理念（基本法2条）に規定しています（本書❺参照）。

もっとも、基本法が変わっただけで、私たちの社会が直ちに変わるわけではありません。消費者にかかわる法や施策が新しい消費者基本法に対応して、変化することで、はじめて基本法の理念は具体化します。基本法に規定される消費者の権利は、それが法や政策で具体化されない限り、絵に描いた餅にすぎないのです。2004年以降、地方自治体に制定された消費者条例が、消費者基本法の制定を受けて、次々と改正、制定されました。法律の改正も相次いでいます。2006年の消費者契約法による消費者団体訴訟制度の新設。同年の貸金業法の改正。2008年には、特定商取引に関する法律（以下、特商法）と割賦販売法の改正などが行われています。2009年9月には消費者庁が設置され、それに伴い地方消費者行政の充実が政策課題になっています。変化はまだまだ途半ばだとしても、その動きは着実であると思われます。

2 消費者法の考える消費者像──事業者と消費者の「格差」

消費者基本法の目的規定である1条には、「消費者と事業者との間の情報の質及び量並びに交渉力等の格差にかんがみ」と書かれています。これとほぼ同じ文言は、2001年4月1日に施行された消費者契約法にも規定されています（消費者契約法には「交渉力」の後にある「等」がありません）。どうやら、消費者と事業者との法律的な関係を画するキーワードが「格差」のようです。

消費者と事業者との間に格差があるのは当たり前だと思われるでしょうか。もっとも、民法では私たち人間を表す自然人も、例えば企業など法によって人格を与えられた法人も、「人」という同じ概念で捉えられていて、それらはすべて平等な権利主体であると考えられています。その結果、契約を締結するに際しても、消費者と事業者は平等な主体であるということになります。でも本当にそうでしょうか。例えば、保険を選ぶ場面を考えてください。保険契約の内容や契約条項は複雑で、通常の消費者が理解するのは容易ではありません。膨大な契約条項が保険約款に規定されていますが、私には細かい文字で時に100頁を超えてびっしりと書かれているあの冊子を読み通

▶1 消費者基本法のほかにも、環境基本法（1993年11月19日）、土地基本法（1989年12月22日）、教育基本法（2006年12月22日）、男女共同参画基本法（1999年6月23日）などの法律があります。詳しくは、本書17頁を参照してください。

▶2 2009年1月1日に長野県が「消費生活条例」を施行し、全国47都道府県のすべてで消費生活条例が制定されました。なお、地方自治体の消費者条例へのリンク集が内閣府国民生活局ホームページ「消費者の窓」にあります（http://www.consumer.go.jp/seisaku/chihou/reiki.html）。また、「特集自治体における消費者行政の新たな動き」国民生活37巻6号（国民生活センター、2007年）も参照。

▶3 近代法の基本原則のひとつである「人格平等の原則」。近代法が封建時代の身分制度から新たな秩序を形作るために制定されてきたことを考えれば、「だれでも平等」という考え方はとても大切な基礎的法概念です。

▶4 2010年4月1日から新しい「保険法」が施行されました。従来は商法に規定されていた保険契約が法として独立したのです。保険約款もこの法改正にあわせて、その内容や形式がより消費者に理解しやすいように変化しています。

▶5 約款とは、事業者が消費者と契約をするに際して用いる定型的な契約条件または条項のことを言います。事業者によって一方的に作成され、一律に消費者に適用され消費者には個別交渉をする余地はありません。現代の契約では保険だけでなく、電気・ガス・水道・運送・運輸・金融・旅行など様々な取引に約款が用いられています。

すことは、普通の人にはほとんど不可能だと思えます。保険契約の内容やそれについての消費者の理解は、保険会社や代理店の募集人の説明に頼らざるをえないのです。それは、保険契約に関する情報に消費者と事業者との間に格差があるからにほかなりません。

消費者契約法では、消費者とは「個人（事業として又は事業のために契約の当事者となる場合におけるものを除く）」と定義されています（消契法2条）。一方、事業者とは「法人その他の団体及び事業として又は事業のために契約の当事者となる個人」です。散髪屋のご主人が営業のためにハサミを買う場合は事業者ですが、それ以外ほとんどの場合に散髪屋のご主人は消費者です。電車に乗るときも、コンビニでお弁当を買うときも、保険契約を締結するときも、です。その意味では、私たちは消費者として契約をしなければ、現代社会で生活をしていくことは不可能だとも言えます。消費者とは、生活を維持する目的で取引をする私たちすべての人を指すと考えていいのでしょう。

もっとも、法律的には、消費者がだれであるかだけでなく、事業者との間に格差があるとされていることが重要です。例えば、消費者が十分にその内容を理解しないで契約を締結した場合を考えてみてください。消費者が事業者と対等であるとすれば、契約内容を理解しなかったことは消費者の落ち度とされます。それを覆すには、契約が消費者が理解するには限りなく難しい内容であったこととともに、当該消費者の理解力が劣っていたことを主張することになります。仮に裁判でそれを主張するとすれば、弁護士は自らの依頼者が「能力が劣っている」と主張しているかのような状況になります。ところが、消費者と事業者との間に格差があることが前提になれば、裁判にせよ、消費生活センターでのあっせんによる紛争の解決にせよ、個々の消費者の能力を具体的に主張することから始める必要はありません。むしろ、事業者の側が、きちんとした説明をして当該消費者に理解をさせたこと、顧客で

❗ 新しい消費者法の制定に向けて

新しい法律を作るのは国会の役割です。もっとも、現実に発生している消費者問題を解決するためには、消費者自身はもちろん、消費者団体や専門家団体が積極的な役割を果たす必要があります。とりわけ、各地の弁護士会や消費者保護委員会は立法に大きな役割を果たしてきました。

写真のひとつ（左）は、製造物責任法の立法のために1992年9月に開かれた近畿弁護士会連合会シンポジウムの様子です。もう一方（右）は、2010年8月に開かれた近畿弁護士会連合会消費者保護委員会の夏期研修会の写真です。そのテーマは「消費者法典」でした。こうした積み重ねが新しい消費者法の制定につながるのです。

提供：日本消費経済新聞社

ある消費者に応じた対応をしたことを主張しなければならないのです。

3 消費者の実像と法律の目的

　消費者法の重要な目的は、被害の救済とその未然防止、拡大防止にあります。そのためにも、消費者と事業者との間の格差を是正して、消費者が契約を締結するについても、自由で効果的な選択権の行使が可能となるわかりやすい契約内容と手続きとを整備することが大切です。

　近代法の基本原則に「契約の自由」という概念があります。消費者の選択を保障する前提となる法原則でもあります。さて、その内容は、契約締結の自由、相手方選択の自由、内容の自由、方式の自由であると説明されます。その中でも、とりわけ重要なのが内容の自由です。どのような商品を、何個、いくらで買うかというのは、消費者が決めることができる事項であるはずです。なるほど、八百屋さんでトマトを買うときには、何個、いくらで買うかを店のご主人と交渉することができました。それがスーパーでは、パックされたトマトを、表示された値段で買うことしかできません。スーパーはたしかに便利で、値段も安いのかもしれません。でも、私たち消費者は自らの権利であるとも言える「交渉の自由」をいつの間にか失ったというのも事実なのです。選択の権利を保障するために、きちんと情報がわかりやすく提供されなければならない。それが最低限の出発点になります。

　また、仮に消費者の権利が侵害され、被害が生じている場合に、その被害の救済が迅速かつ適切に行われる仕組みを整備することも消費者法の大切な役割です。そのために、消費生活センターや弁護士などの法律専門家が、消費者の権利行使を援助することが不可欠です。しかしながら、もっとも大切なことは、被害にあった消費者が被害を認識するとともに、救済を求めて、自らその権利を行使することにあります。消費生活センターにせよ、弁護士などの法律専門家にせよ、消費者団体にせよ、被害者からの相談なしには問題の所在すらわからず、具体的な対処はほとんど不可能なのです。

　もっとも、多くの消費者にとっては、自らの権利を適切に行使することは容易なことではありません。1985年に、金のペーパー商法で社会問題となった「豊田商事」事件では、高齢者を中心に被害者3～5万人、被害総額2000億円に達するとも言われる深刻な被害が生じました。その救済は、豊田商事を破産させて財産を凍結、回収し、それを被害者に分配するという方法がとられました。被害者は、破産債権者として自らの被害額を届け出る必要がありました。逆に言えば、被害額という債権の届出をしない限り、救済を受けることはできなかったのです。弁護士会や消費生活センターなどの献身的な努力があったこの事件であっても、「だまされた私が悪い」とか「被害を他人に知られたくない」という思いから権利行使をためらった被害者が少なくなかったとも言われています。

　消費者が自立して自らの権利を行使することを政策の基礎とする以上、消費者が権利を適切に行使できる法的な仕組みを整備することは、法と政策に課せられた重要な課題なのです。

4 消費者法の性格

　消費者被害の救済、あるいは未然防止を図るために、消費者が主体的に権

➡6　**豊田商事事件**については、豊田商事株式会社破産管財人編『豊田商事事件とは何だったか－破産管財人調査報告書記録』朝日新聞社（2007年11月30日）、「特集　豊田商事事件－悪徳のDNA」消費者情報400号（関西消費者協会）が参考になります。

➡7　**生産履歴情報**　生産、加工及び流通の特定の1つまたは複数の段階を通じて、食品の移動を把握できること（Codex, 2004）。2003年に「牛の個体識別のための情報の管理及び伝達に関する特別措置法」が成立し、牛肉について生産履歴情報を確認できるようになりました。なお、農林水産省のホームページにわが国の現在の制度について詳しく説明されています（http://www.maff.go.jp/j/syouan/seisaku/trace/）。

利を行使することが重要であることは言うまでもありません。

しかしながら、複雑化する消費者問題の現実を考えるとき、それだけでは法の対応として十分ではありません。例えば、消費者が表示や生産履歴情報を参考に商品を選択することは、消費者の最も身近な権利行使です。もっとも、表示や生産履歴情報が偽装されたり誤っていたりしたならば、消費者の主体的な選択はゆがめられてしまいます。製品事故の被害救済に関しても、1995年施行の製造物責任法によって、消費者は製品の欠陥を立証さえすれば事業者の過失まで立証しなくても損害の賠償を請求できるようになりました。もっとも、消費者からすれば、同種の被害（危害）情報を知ることができなければ、欠陥を立証することすら容易ではありません。同種の被害情報は、事業者に加え消費者庁や監督官庁には伝えられています。これをどう消費者に提供するべきなのか。消費者の権利行使の基盤として、行政による「規制」や「監督」、その情報提供は、依然として大きな意味を持っています。

消費者にかかわる法律には、消費者契約法のように、個々の消費者が事業者に対して契約の取消しや無効を求める根拠となる法律があります。一方、「業法」と言われる監督官庁が事業者を規制、監督する根拠となる法律があります。前者は「民事法」ないしは「民事ルール」、後者は「行政（規制）法」と法的な性格は異なりますが、消費者の権利擁護という目的からは、ともに消費者法としての性格を有しています。また、特定商取引法や出資法のように、違反行為に対する刑罰を規定する法律もあります。民事ルールと行政規制や刑事法規とが言わば車の両輪のようにバランスを保ちつつ、連携することで、消費者法ははじめてその実効性が確保されるのです。

➡8 食の安全「自衛に限界」96％（日本経済新聞2008年10月6日朝刊）によると、「表示で嘘をつかれたら防げない」が91％、「流通段階の不正までは見抜けない」68％と、消費者の自衛だけでは問題は解決しないとの意見が表明されています。

➡9 例えば、消費者にかかわりのある法律として、保険業法、貸金業法、旅行業法、宅地建物取引業法、建築業法などがあります。本書で度々登場する特定商取引に関する法律（特商法）も、名称は業法ではありませんが、訪問販売などの業界を消費者庁と経済産業省とが規制、監督をする根拠となる法律でもあります。

➡10 **民事ルール** 消費者に具体的な権利を与えて、事業者などによってその権利が侵害された場合に、司法（裁判所）で消費者が自らその権利に基づく請求をすることができる根拠となる法規のこと（例、消費者契約法、製造物責任法など）。

➡11 **行政（規制）法** 行政が消費者の権利や利益を事業者が侵害しないように、事前に認可をしたり、違法行為によって認可を取り消したり、営業停止などの行政処分をかけるなどして、公正な取引を実行させる根拠となる法規のこと（例、建築業法、保険業法など）。

❗ 豊田商事事件

大阪市に本社をおいていた豊田商事は、1980年頃から電話勧誘で目途をつけたお年寄りを中心に、その世話や話し相手になるところから信頼を得て、最終的にはそのお年寄り等の財産で金地金を購入することをすすめ、契約の締結をさせるという商法を行いました。もっとも、購入した金の現物を渡すことはなく、それを預かって運用するとして「純金ファミリー証券」という金の預かり証だけを渡していました。しかしながら、預かっているはずの金は見本を除いて、まったくありませんでした。豊田商事が「金のペーパ商法（現物まがい商法）」と言われるのはそれゆえです。1986年に制定された特定商品等預託取引法は、こうした現物まがい商法の被害の予防と救済に対応して制定されました。また、豊田商事のこの商法は、詐欺罪（刑法246条）が成立するとされています（大阪地裁平成1年3月29日判決 判例時報1321号3頁）。

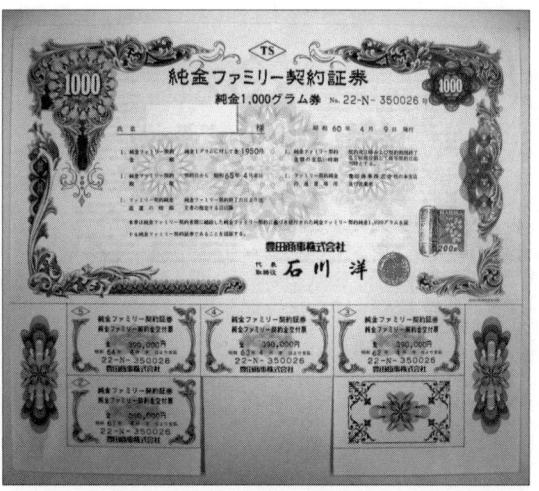

（出所）後藤巻則・村千鶴子・齋藤雅弘『アクセス消費者法〔第2版〕』（日本評論社、2007年）付属CD-ROM

7 未成年者と高齢者から消費者契約を考える
▶納得できない契約①

1 契約被害の現実

　2008年度に国民生活センターや各地の消費生活センターに寄せられた相談件数は、約94万件に達しています。これは、架空請求に関する相談がピークを迎えた2004年度の192万件に比べると減ってはいますが、2000年度には55万件だったことを考えると、依然として多数の相談が寄せられていることが理解できます。これらの相談の約80％が契約、特にその解約に関する相談です。また、被害にあったとしても、それを消費生活センターで相談する人は、全体の3～5％との調査もあります。だとすると、実際には、わが国には年間で2000万件を超える消費者被害が発生している可能性があることになります。

　内閣府が実施した「国民生活選好度調査」（2008年）によれば、2007年度のPIO-NETのデータを基にした推計では、消費者被害による経済的損失額は、契約金額ベースで約3兆4000億円。支払ってしまった金額も約1兆8706億円に達していると推計されています。この金額が、被害ではなく、有効な消費に使われるならば、私たちの経済はもっと健全で豊かなものになるに違いありません。悪質業者による被害は、誠実な事業者にとっても無視できない問題なのです。契約被害のこの現実は、消費者被害が単に個人の被害ではなく、すでに社会問題として解決すべき課題になっていることを示しています。そのためにも、被害にあった個々の消費者の救済が図られる必要があります。悪質商法による利得が、事業者に残らないことも重要です。

　消費者が不本意な契約をした場合、その救済は締結した契約を解約することによって図られます。結果的には、それが悪質な事業者に利得を残さないことにつながります。そのために、消費生活センターでの相談では、相談員は必ず、被害者の年齢と契約の方法と締結期日を確認します。未成年者取消権あるいはクーリング・オフが可能であれば、取引の不当さを問うことなく、契約を解約することができるからです。

2 未成年者の契約被害と未成年者取消権

　民法では未成年者とは、「満20歳未満であって、婚姻をしていない者」のことを言います（民法4条・753条）。男性は18歳、女性は16歳になれば、父母の一方の同意があれば、婚姻をすることができます（民法731条・737条）。たとえ実際には20歳未満であっても、婚姻をした夫婦は、いちいち法定代理人（多くの場合は親権者〔民法818条〕。以下、親権者）の承諾を得なくても、アパートを借りたり、生活費を借り入れたり、自由に契約を締結することができるようになるのです。

➡1 国民生活センター「第38回国民生活動向調査」（2008年1月公表）によると、苦情を消費生活センターなどの行政の相談窓口に伝えた消費者は4.1％であると報告されています。

➡2 内閣府『平成20年版国民生活白書—消費者市民社会への展望』（2008年）103頁。

➡3 消費生活センターで消費生活の相談業務に従事するためには必ずしも資格が必要なわけではありません。もっとも、独立行政法人国民生活センター理事長による認定を受けた「消費生活専門相談員」または内閣府あるいは経済産業大臣の認定を受けた「消費生活アドバイザー」の資格の方々が非常勤の公務員という身分で相談にあたっている場合が多いのです。消費生活の相談とその解決は、高度な知識と経験が必要になる専門的業務です。

➡4 **婚姻** 私たちの国では、届出婚といって、婚姻届を役所に届け出てはじめて法律的にも夫婦と扱われることになります（民法739条）。

➡5 成年とみなされるのは、あくまで契約など民法が規律する取引にかかわる領域だけであることに注意をしてください。例えば、婚姻したからといって、お酒が飲めるようになったり、選挙権が付与されるわけではありません。お酒は未成年者飲酒禁止法（1922〔大正11〕年3月30日法律第20号）で禁止されているし、選挙権は公職選挙法（1950〔昭和25〕年4月15日法律第100号）で年齢が定められています。対象となる法律が異なるのです。ところで、2007年5月18日に制定された「日本国憲法の改正手続に関する法律」（通称、国民投票法）では、18歳以上の者に投票権が認められました。その附則に、2010年5月18日の法施行までに民法の成年年齢についても見直

さて、未成年者が親権者の同意を得ずに契約をしたならば、その契約を未成年者本人も、親権者も取り消すことができます（民法5条）。仮に、不本意な契約を締結してしまった消費者が未成年者であって、親権者に同意を得ていなかったならば、それが悪質であるか否かを問わずに、その契約を取り消すことができるのです。契約が取り消されれば、契約をした時までさかのぼって無効になるので（民法121条）、債務の支払いを免れることができるだけでなく、すでに支払った金員の返還も可能になります。その際には、消費者も渡された商品などを返す必要がありますが、それはあくまで現在あるものを返せばすむのです（「現存利益の返還義務」と言います）。未成年者はまだ経験も浅く、知識も十分でないという弱さを抱えています。未成年取消権は、実際には弱さを抱えた未成年者が消費者被害を被った際の救済手段として機能しているのです。

もっとも、未成年者に不利益が生じない契約である「単に権利を得たり、義務を免れる行為」は、未成年者が単独でできます（民法5条1項但書）。また、親権者から事前に処分を許された財産、例えばお小遣いとか仕送りなどであれば、未成年者であってもそれを自由に処分することができます（民法5条3項）。さらに、未成年者が自ら成年であると偽って（「詐術」と言います）契約を締結したならば、その契約を取り消すことはできません（民法21条）。

お小遣いの範囲での支払いと未成年者の詐術が問われた裁判例があります。茨木簡易裁判所昭和60年12月20日判決（判例時報1198号143頁、消費者法判例百選14頁）です。この裁判では、満18歳の働いている女性が、キャッチセールスで、親の同意を得ずに締結したエステ美容と化粧品合計16万5000円の契約を取り消すことができるかが問題になりました。というのも、この女性は販売店には昭和40年生まれの18歳であることを話していましたが、クレジット会社に提出した契約書には、販売店に言われるままに昭和

しを行うことが盛り込まれています。そのため、法務省法制審議会では民法成年年齢部会を開催し、2009年7月29日には民法の成人は18歳が適当とする最終報告書をまとめています。もっとも、法改正の時期は、国会の判断にゆだねるべきとし、明示していません。まだ、具体的改正までには時間がかかるようです。

➡6 キャッチセールス 路上で呼び止めて、店舗等に同行させて契約を締結させる勧誘方法です。2004年の特商法改正で、キャッチセールスは、特定顧客に対する誘引として訪問販売にあたり、規制されています（特商法2条1項2号、同法政令1条）。

● 未成年者のする法律行為（契約）の効力についての民法の考え方

原則 (5条2項)	例外			詐術 (21条)
法定代理人（親権者）の同意がない場合は取消が可能	単に権利を得、義務を免れる行為	5条1項但書	お年玉等	未成年者が詐術を使って欺してした契約は取消不可
	法定代理人が処分を許した自由財産	5条3項	お小遣い等	
	許可された営業にかかる契約	6条1項	未成年社長	

● 契約当事者の年代別件数と割合（'03〜'08年度）

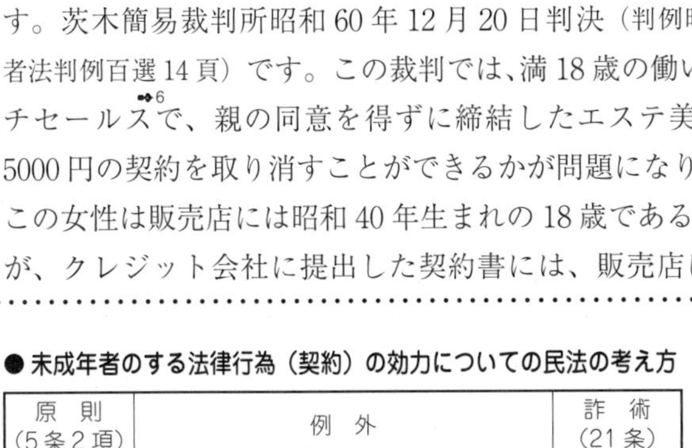

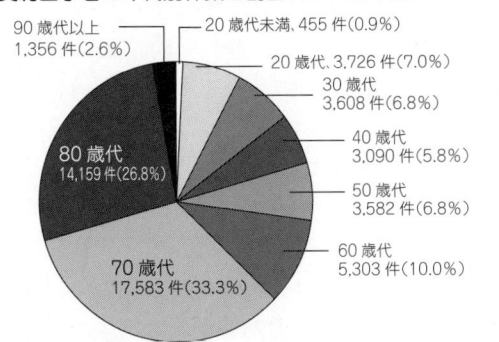

- 90歳代以上 1,356件(2.6%)
- 20歳代未満 455件(0.9%)
- 20歳代 3,726件(7.0%)
- 30歳代 3,608件(6.8%)
- 40歳代 3,090件(5.8%)
- 50歳代 3,582件(6.8%)
- 60歳代 5,303件(10.0%)
- 70歳代 17,583件(33.3%)
- 80歳代 14,159件(26.8%)

（注）割合は判断力が不十分な消費者に係る相談全体（年齢が不明・無回答のものを除く）を100とした割合である。
（出所）月刊国民生活2008年10月号14頁

● 判断力が不十分な消費者に係る相談件数と全相談に占める割合の推移（'98〜'08年度）

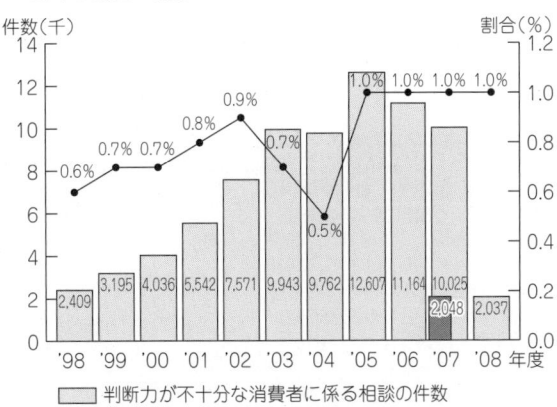

年度	件数	割合
'98	2,409	0.6%
'99	3,195	0.7%
'00	4,036	0.7%
'01	5,542	0.8%
'02	7,571	0.9%
'03	9,943	0.7%
'04	9,762	0.5%
'05	12,607	1.0%
'06	11,164	1.0%
'07	10,025	1.0%
'08	2,037	1.0%

（'07年度前年同期件数：2,048）

(注1) 2008年7月29日までのPIO-NET登録分。PIO-NET（パイオネット：全国消費生活情報ネットワーク・システム）とは、国民生活センターと全国の消費生活センターをオンラインネットワークで結び、消費生活に関する情報を蓄積しているデータベースのこと。
(注2) 「判断力が不十分な消費者に係る相談」とは、精神障害や知的障害、認知症などの加齢に伴う疾病等の理由によって十分な判断ができない状態にある消費者の契約に係る相談をいう。
（出所）月刊国民生活2008年10月号13頁

38年、つまりは満20歳に該当する虚偽の生年月日を記載していたのです。これが詐術にあたるかが争いになりました。また、クレジット契約の分割支払金額は1カ月1万4000円でした。この金額が仕事をしている18歳の女性にとって、事前に親から処分を許された財産に該当するかが問題になりました。裁判所は、この女性が販売店に言われるままに年齢を記載したのであって、だまそうとしたわけではないこと。月1万4000円でも、支払いが遅れることがあれば（現にこの女性は第1回の分割金から支払いが遅れていました。信販会社からの請求で、1カ月遅れで最初の分割金のみを支払っています）商品代金全額の支払い義務が生ずるのであって（期限の利益の喪失と言います。民法135〜137条）、月々の支払い額ではなく、契約代金額で処分を許された財産であるか否かの判断をすべきであるとしました。そして、結論としては、取消権の行使を認めました。この判決は、簡易裁判所によるものですが、未成年者取消権が消費者保護の資することを正当に評価したものとして、重要な意味を持っています。

さて、未成年者の消費者被害は、実際には、パソコンや携帯電話などのインターネットにかかわるものに集中しています。2002年から2007年にかけて各地の消費生活センターに寄せられた18歳、19歳の相談内容では、とりわけ、携帯電話を利用した情報提供サービスの相談の多さがめだちます。インターネットを介して提供されるサービスでは、その年齢確認がずさんであったり、未成年者本人の申告だけに頼る結果、未成年者が容易に契約を締結してしまうことが多々あるのです。携帯電話欲しさに、親になりすまして契約の手続きをしてしまい、高額な代金請求を受けるという問題も発生しています。契約の相手方が未成年者であるかどうかは、事業者に確認義務があります。確認があいまいであったことから生ずる危険性を事業者が負担すべきなのです。その観点からすると、ネット通販や出会い系サイトなどで一般的に行われている単に画面に年齢を記入することですまされている年齢確認方法が、法的に妥当なのかは大いに疑問です。[7]

3 高齢者の契約被害と被害救済の課題

未成年者の対極にある消費者が高齢者です。高齢者が消費者被害にあった場合、詐取された金員が将来の生活のための蓄財であり、今後、被害回復を図ることが困難であるという点で、大変深刻な問題を生じさせます。高齢者の契約被害は社会の安心、安全を脅かすものとして、社会問題ともなっています。[8]

2005年5月に明らかになった埼玉県富士見市の事件では、認知症の80歳と78歳に姉妹が、訪問販売によって少なく見積もっても3500万円を超える不要なリフォーム工事をされ、その代金支払いのために最終的には自宅が競売手続きにかけられるという事態にまで至るという深刻な被害が問題となりました。市の関与で、競売が停止されるとともに、市長の申し立てで姉妹に成年後見人をつけることでこの事件は一応の解決をみました。[9] これをきっかけに、同様の被害が全国にあることが明らかになり、「悪質リフォーム詐欺」として社会問題にもなりました。2004年に、特商法が改正され、不実告知や故意の事実不告知に関する規制の強化や契約の取消権等の民事ルールの強化が図られていますが、それは「悪質リフォーム詐欺」事件がその立法理由

---

[7] 同趣旨の指摘として、道垣内弘人『ゼミナール民法入門〔第3版〕』（日本経済新聞社、2005年）73頁、谷口知平＝石田喜久夫編『新版注釈民法(1)〔改訂版〕』（有斐閣、2002年）（磯村執筆）398頁。磯村教授は次のように書いています。「未成年者の意図的な不実表記は、普通に人を欺くに足る程度には達しておらず詐術にはあたらないというべきではなかろうか」。

[8] 高齢者の消費者被害を検討した成果として、経済企画庁『高齢者の消費者契約－消費者取引における高齢化問題に関する調査』（大蔵省印刷局、1998年）、国民生活センター『知的障害者、精神障害者、痴呆性高齢者の消費者被害と権利擁護に関する調査研究』（2003年）があります。

[9] 認知症などがすすんだ高齢者の消費者被害の救済のために、民法が規定する「制限行為能力者制度」を活用することも重要です。法定代理人が契約などに関与することで、より適切な取引を行うことが可能になるからです。もっとも、その認定手続きの複雑さや費用等の問題もあって、十分に活用されているとは言い難い現実があります。

となっています。

　高齢者は、「健康」「将来の生活資金」などに不安を抱えているとともに、ひとり暮らしの高齢者を典型に多くの場合に孤独感を感じています。また、少なからぬ人に加齢による判断力の低下が生じています。一方で、一定の資産や年金などの定期的な収入があることもあって、悪質な業者がその不安やすぐには断らないという人の良さにつけ込んでくるのです。*10

　もっとも、明確な法的定義がある未成年者とは異なり、高齢者には画一的な法的定義がありません。世界保健機構（WHO）の統計では、65歳以上を高齢者と取り扱っています。一方、例えば2008年施行の「高齢者の医療の確保に関する法律」では75歳以上が、2004年施行の「高齢者等の雇用の安定等に関する法律」では55歳以上が高齢者とされています。法の趣旨や目的によって、高齢者と把握する対象は異なっているのです。取引や契約といった消費生活にかかわる部分でも、高齢者の個々の能力は千差万別です。高齢者という理由だけで取引から除外してしまうことが、自由で豊かな生活を自ら営む機会を高齢者から奪うことになっては本末転倒です。

　法律はそうした観点も尊重してやや抑制的ですが、実質的に高齢者被害の救済を意識した消費者法理論を展開しています。

　その典型的なものが、「適合性の原則（suitability rule）」という考え方です。この考え方は、顧客にふさわしくない契約の勧誘や商品の販売などを禁止するもので、わが国では証券取引や先物取引などについての判例で確立してきた理論です。2004年制定の消費者基本法は「消費者との取引に際して、消費者の知識、経験及び財産の状況等に配慮すること」（5条1項3号）を事業者の責務としています。具体的には、金融商品取引法（2007年9月30日施行）40条1項（この条項は証券取引法43条を引き継いだものです）が、顧客の知識、経験、財産の状況及び金融商品取引契約を締結する目的に照らして不適当と

→*10　70歳以上の高齢者による消費生活相談の件数は、2004年以降、10万件を超える高止まりの傾向にあり、その被害は深刻です。国民生活センターがその状況をまとめた報告をしており、現状の理解のために参考になります。「高齢者を狙う悪質商法にご用心」（2009年3月19日更新。http://www.kokusen.go.jp/soudan_now/koureisya.html）。

● 20歳になるまでの法律とその考え方

年齢	内容
出生	権利能力を得る*1（民法3条）
5〜6歳	意思能力を備える*2（民法に条文なし）
11〜12歳	責任能力を備える*3（民法712条。但、年齢記載なし）
14歳	刑事責任を問われる*4（刑法41条）
15歳	働くことができる*5（労働基準法56条） 遺言をすることができる（民法961条）
16歳	女性は婚姻ができる*6（民法731条） 自動二輪免許を取得できる（道路交通法88条）
18歳	男性も婚姻ができる*7（民法731条） 普通自動車免許を取得できる（道路交通法88条） 国民投票権を得る（国民投票法3条）
20歳	行為能力を得る（民法4条） 選挙権を得る（公職選挙法9条） お酒を飲める（未成年者飲酒禁止法1条） たばこを吸える（未成年者喫煙禁止法1条）

*1　人は出生で誰でも権利義務の対象となる
*2　ひとりで合理的判断をする能力を得る
*3　民事法上の責任を負担する能力を得る
*4　20歳までは家裁の審判（少年法3条）
*5　18歳までは深夜労働はできない（労働基準法61条）
*6　父母いずれかの同意が必要
*7　父母いずれかの同意が必要

（加藤雅信「未成年者保護規定の改正をめぐる動向」現代消費者法3号6頁を参考に作成）

● 18歳以上の学生の消費生活相談の内容と傾向

　PIO-NETによる18歳以上の学生からの相談は、2009年度は1万9368件。男子学生から、1万611件（54.9%）、女子学生からは8723件（45.1%）。

　インターネット通販を含む「通信販売」が9661件（54.2%）を占めており、「店舗購入」は5496件（30.8%）、「訪問販売」が1977件（11.1%）となっている。

順位	商品・役務名	件数
1	デジタルコンテンツ（含む出会い系サイト、アダルト情報）	7,657
2	賃貸アパート等	1,457
3	エステティックサービス	670
4	テレビ放送サービス	510
5	外国語・会話教室	481
6	新聞	476
7	携帯電話サービス	405
8	商品一般	327
9	インターネット接続回線	300
10	フリーローン・サラ金	291

（出所）　国民生活センター情報部「PIO-NETからみる学生の消費生活相談」月刊国民生活2010年7月号27頁

認められる勧誘をすることがないよう、金融商品取引業者等は業務を行わなければならないと規定しています。この条項は、銀行法13条の4、保険業法300条の2、商品取引所法215条で準用されています。同じ原則が、銀行取引や保険などにも及ぶわけです。また、特商法は2004年改正の際の省令改正で「顧客の知識、経験、財産の状況に照らして不適当と認められる勧誘を行うこと」を禁止しました（省令7条3号）。また、「老人その他の者の判断力の不足に乗じ、訪問販売の契約を締結させること」も禁止されています（省令7条2号）。これらに違反する勧誘行為がなされた場合、主務大臣または都道府県知事は、事業者に対して指示（業務改善の指示）または業務停止命令を出すことができます（特商法7条1項4号・8条）。金融商品取引法にせよ、特商法にせよ、「適合性の原則」違反は行政的な規制の根拠とされています。業務停止命令は同種の被害拡大の防止には、とても大きな効力があります。ただ、適合性の原則に反する勧誘によって契約を締結した消費者がその契約の効力を否定するためには、勧誘行為の不当性を例えば公序良俗違反などの民法の法理に置き換えて主張することが必要になります。

一方、2009年12月1日から施行された特商法の改正で新たに規定された「過量販売解除権」は、契約の解除が可能です。訪問販売によって通常必要とされる量を著しく超える商品等を購入した場合、契約後1年間は契約の解除ができるのです（特商法9条の2）。次々販売と言われる被害は、とりわけ高齢者にめだつ深刻な被害です。ひとりの消費者が次々に契約を締結させられて、必要もない商品等の購入を強いられる被害です。裁判ではこうした取引が公序良俗に反して無効かどうかが争われ、大阪地裁平成18年9月29日判決（消費者法ニュース71号178頁）、東京地裁平成20年2月26日判決（判例時報2012号87頁、消費者法判例百選118頁）などで、その主張が一部、認められていました。特商法はこの次々販売についても、同種の商品が通常必要とされる量を著しく超えることを条件に、契約を解除できると規定しました。もっとも、どれだけの量であれば「過量」だと判断できるのかについては法には具体的な基準はありません。「同種の商品とは何か」も結局は解釈にゆだねられます。例えば、着物に付属する帯や草履が同種の商品であることは間違いないでしょう。そこに宝石が入ってきた場合には微妙な判断が必要になるかもしれません。もっとも、いずれも解除権という民事効の前提となる要件にほかならないわけですから、その判断は最終的には裁判所がすべき事柄です。ただし、過量訪問販売解除権は、消費生活センターなどでの紛争解決の規範としても使われることになります。「過量」判断が紛争解決の現場で機能するためにも、通常の消費者の基準が重視されるべきです。同種の商品であるか否か、販売した事業者の同一性などは、できる限り、契約締結過程での実態と消費者の認識を反映して判断される必要があるのです。なお、過量訪問販売解除権が行使された場合、その効果はクーリング・オフの効果が準用されます。また、過量な契約がクレジットでなされていた場合には、クレジット契約も解除されるとともに、すでに支払っている割賦金（既払金）も返還請求することができます（割賦販売法35条の3の12及び20）。これらの規定によって、個々の消費者の実情をふまえた量という観点からも、適合性ある消費者取引が行われるようになることが期待されます。

→11 2008年改正、2009年12月1日に施行された「特商法」には重要な改正が多数含まれています。第1に、従来は政令で指定されていた「指定商品」「指定役務」が廃止され、原則としてすべての商品と役務がその対象とされました。指定権利は依然として維持されています。第2に、悪質な訪問販売の規制強化として、過量訪問販売解除権に加えて、契約を締結しないとの意思表示をした消費者に対する再勧誘が禁止（3条の2）されています。また、迷惑メールの規制強化（12条の3等）、通信販売における返品ルールの明確化（15条の2）も規定されました。

4　未成年者、高齢者の消費者被害の救済の意義

　消費者が人の消費生活について側面をとらえた表現であるとすれば、私たちは生まれてから死ぬまで間違いなく消費者です。そして、これもほとんど例外なく、未成年者として、あるいは高齢者として、それぞれの人生を過ごすことになります。その程度の違いはあっても、未成年者として未熟であることや、高齢者として健康や財産の状況に不安を抱えることは、すべての人にとって共通のことなのです。自ら権利を行使する消費者としてだけでなく、その中の弱者として未成年者や高齢者が社会的に保護される必要があることには、こうした「お互いさま」という事情があります。「市民社会では各人は私利私欲の追求に狂奔する。だが、普遍性に従うことがなければ、この目的を実現することはできない」（ヘーゲル「法の哲学」）[12]。自由な利潤獲得競争を基盤とする市民社会にあっても、市民としての知識や経験が不足する未成年者や様々な不安を抱える高齢者から、不相当な利益を事業者が得ることは、利潤の追求についてのルール違反なのです。[13]

　ところが、例えば、有料老人ホームだとか介護といった高齢化社会の進展に対応するビジネスが、高齢者が主体的に関与できるような契約の仕組みで運営されているかははなだ疑問です。携帯電話がいまや高校生はもちろん、中学生にまで普及していますが、その契約に親権者の同意を得る仕組みが効果的に機能しているとは言えない現実もあります。そこでは未成年者への年齢確認や高齢者への契約締結への配慮は、あたかも契約を有効ならしめる手続きのように取り扱われています。わかりやすい契約書面の整備やていねいな説明、確実な年齢確認や意思確認が取引の基盤となることを、制度として保障していく必要があります。未成年者や高齢者を消費者としての保護していくことは、そうした社会を実現していくことでもあるのです。[14]

[12] 藤野渉＝赤沢正敏訳（Georg Wilhelm Friedrich Hegel）『法の哲学（Grundlinien der Philosophie des Rechts）〈1〉〈2〉』（中公クラシックス、2001年）。

[13] 未成年者取引に関してこの点を指摘する論文として、川角由和「市民法における未成年者保護と契約責任・不当利得責任のありかた―ドイツ民法学の教訓」島大法学35巻4号135頁があります。

[14] 有料老人ホームに関しては、入居一時金や退去時の清算などをめぐって紛争が生じています。詳しくは、『有料老人ホームをめぐる消費者問題に関する調査研究―有料老人ホームの暮らしが快適であるために』（国民生活センター、2006年）。

● 契約当事者が70歳代以上の割合の年度別推移（'98～'08年度）

年度	割合(%)
'98	42.9
'99	44.1
'00	52.1
'01	54.3
'02	56.1
'03	58.8
'04	61.4
'05	63.7
'06	62.9
'07	65.3
'08	65.9

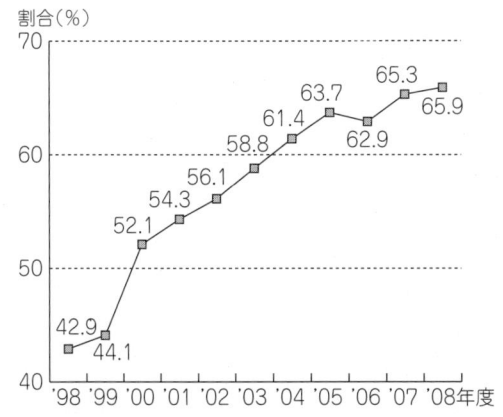

（注）判断力が不十分な消費者に係る相談全体（年齢が不明・無回答のものを除く）を100とした割合である。
（出所）月刊国民生活2008年10月号14頁

● 高齢者に相談が多い商品・役務（'03～'08年度）

	判断力が不十分な消費者に係る相談全体		うち契約当事者が70歳代以上	
	商品・役務	件数	商品・役務	件数
第1位	ふとん類	5,121	ふとん類	3,625
第2位	健康食品	3,543	健康食品	2,690
第3位	サラ金・フリーローン	3,118	新聞	1,825
第4位	浄水器	2,394	リフォーム工事	1,667
第5位	新聞	2,330	浄水器	1,530
第6位	リフォーム工事	2,251	商品一般	1,147
第7位	商品一般	2,089	家庭用電気治療器具	870
第8位	電話情報サービス	1,894	建物清掃サービス	818
第9位	アクセサリー	1,868	他の工事・建築サービス	807
第10位	和服	1,211	商品相場	757

（注）「リフォーム工事」とは、増改築工事、壁工事、屋根工事、塗装工事、内装工事のことをいう。
（出所）月刊国民生活2008年10月号14頁

8 消費者契約をクーリング・オフする
▶納得できない契約②

1 クーリング・オフとは何？

消費者が締結した契約に納得できない場合、消費者はその契約を解約したいと考えます。そのためのひとつの、でも最も有効な方法が、クーリング・オフによる契約の解除です。例えば、特定商取引に関する法律（以下、特商法）では、規制対象である6種類の取引のうち、通信販売を除く訪問販売など5種類の取引類型にクーリング・オフが規定されています。特商法の訪問販売に規定されたのは1976（昭和51）年ですが、その4年前1972（昭和47）年に割賦販売法にわが国でははじめてクーリング・オフが立法化されています。その後、クーリング・オフは様々な法律に広がっています（37頁表参照）。

さて、クーリング・オフとは、消費者が何の不利益もなく一定期間、契約を解除することができる制度のことを言います。期間は8日間が多数です。

クーリング・オフはもともとは、店舗外販売であって、代金の全額が支払われていない取引を対象としていました。不意打ち的で判断が急がされがちな取引について、消費者に頭を冷やして（cooling）、契約をやめる（off）機会を与えたのです。もっとも、その後、クーリング・オフは、単に不意打ち的な取引だけではなく、圧迫的な取引や消費者が直ちに理解することが困難な複雑な取引についてもその適用が広げられています。クーリング・オフの法的性質を一様に説明することは容易ではありませんが、消費者が納得する選択を保障するための「時間的後見」制度としての意義を有していることは間違いありません。時間をかけて理解し、冷静に判断する余裕と機会を消費者に保障しているのです。

さて、特商法が適用される訪問販売については、申込書面又は契約書面でクーリング・オフを告知された日から起算して8日間が経過するまでは、書面により契約の解除をすることができます（特商法9条1項）。特商法は指定商品制度をとっていましたが、指定権利を除き、2009年12月1日からはすべての商品と役務とが原則として適用対象とされました。もっとも、金融商品取引法や旅行業法など、他の法律で消費者の利益が保護されているとされている49法令関係の取引は、そもそも特商法の適用が除外されています。また、自動車や電気・ガスなどの契約、葬儀、化粧品などの消耗品、3000円以下の現金販売などはクーリング・オフの適用が除外されています。

消費者がクーリング・オフをその法定期間内に事業者に通知したならば、その契約は解除されます。この意思表示は書面を発した時にその効力が生じます（発信主義、特商法9条2項）。事業者には、原状回復義務（民法545条）と言って、すでに受け取った金銭などを返還する義務が発生します。振込み手数料などのような原状回復の費用は、事業者が負担します（民法485条）。

→1 特定商取引法の解説書としては、圓山茂夫『詳解特定商取引法の理論と実務〔第2版〕』（民事法研究会、2010年）、齋藤雅弘＝池本誠司＝石戸谷豊『特定商取引法ハンドブック〔第4版〕』（日本評論社、2010年）、消費者庁取引・物価対策課、経済産業省商務情報政策局消費経済政策課編『特定商取引に関する法律の解説 平成21年版』（商事法務、2010年）。

→2 クーリング・オフの法律的な性質をどう考えるのかは、これをどの範囲の取引に規定すべきであるかにつながる重要な法的論点でもあります。例えば、次のような文献があります。根岸哲「訪問販売における熟慮期間制度」神戸法学雑誌21巻3・4号、竹内昭夫「訪問販売と消費者保護」『消費者保護法の理論』（有斐閣、1995年）、清水巖「消費者契約とクーリング・オフ制度」阪大法学149・150号、長尾治助「クーリング・オフ権の法理」立命館法学183・184号、伊藤進「クーリング・オフ制度と契約理論」明治大学法律論叢63巻4・5号、近藤充代「消費者契約類型とクーリング・オフ権」日本福祉大学経済論集8号、河上正二「クーリング・オフについての一考察 - 時間という名の後見人」東北大学法学60巻6号。

→3 **訪問販売** 定義は特商法2条1項1号・2号にあります。店舗以外での典型的な訪問販売に加えて、路上等で呼び止めるキャッチセールスと、電話等で呼び出すアポイントメントセールスも訪問販売に該当します。また、通達によって、催眠商法（SF商法）も店舗に類する場所での販売にはならないと解されています。

→4 民法の意思表示はあくまでそれが到達したときに効力を生ずるのが原則です（到達主義、民法97条）。クーリング・オフは発信主義を採用し、その例外となっています。その結果、期間が経過す

消費者も提供を受けた商品などを返還することが必要ですが、そのための引取費用等は事業者の負担とされています（特商法9条4項）。すでに提供済みの役務の対価等を事業者が請求することもできません（特商法9条5項）。キャッチセールスでエステの契約をして、クーリング・オフ行使前に数回の施術を受けていたとしても、その対価の支払い義務はないのです。訪問販売を除いて条文では明確ではありませんが、商品等の使用利益についても、役務と同様に考えることが可能で、返還の必要はありません。土地建物等が変更されている場合にそれを元に戻すのも、事業者が無償で行わなければなりません（特商法9条7項）。もちろん、事業者が、損害賠償や違約金を請求することもできません（特商法9条3項）。消費者はクーリング・オフの意思表示によって、言わば何の不利益もなく、契約を解消することができるのです。

なお、これらの定めに反する消費者にとって不利な特約は無効です（片面的強行規定。特商法9条8項）。

2　クーリング・オフをめぐる法的論点と判決の考え方

クーリング・オフについては、「書面」の意義をめぐって2つの論点が裁判で争われました。ひとつはクーリング・オフの書面性をめぐって。もうひとつは、クーリング・オフの告知が消費者に対してなされる法定書面に不備があった場合の期間の延長に関するものです。

特商法や割賦販売法などは、クーリング・オフの行使を書面によることと規定しています。では、口頭でクーリング・オフの意思表示をした場合の効力をどのように考えればいいのでしょうか。裁判所は、当初は、口頭でのクーリング・オフの効力を否定していました（大阪地裁昭和62年5月8日判決 判例タイムズ665号217頁）。しかし、「書面性の要求は後日紛争が生じないよう明確にしておく趣旨だとすれば、それと同等の明確な証拠がある場合には保護

る8日目までに書面を発信すればよく、それが事業者に翌日に到達しても、クーリング・オフの意思表示は有効に成立していることになります。

➡5　商品等の使用利益を返還する必要がない旨の規定は、2008年の特商法改正によって、訪問販売に関するクーリング・オフの条項にのみ追加規定されています（特商法9条5項）。その他の4類型の規制対象契約に関するクーリング・オフの条文には規定されていません。もっとも、そうなった理由は、2008年改正で訪問販売についてのみ、過量販売解除権（本書❼参照）が規定され、その解除の効果が訪問販売に関するクーリング・オフの規定を準用することとなったため、その範囲でのみ、クーリング・オフの規定を改正、整備したからにほかなりません。今後、条項の整備が図られる必要があるとは考えますが、商品等の使用利益を返還する必要がないと規定されていないからといって、その返還義務があるとはならないことに留意してください。

➡6　片面的強行規定　契約の当事者の一方にだけ強制される法規定のことを言います。つまり、消費者にとって不利益な特約は無効になりますが、消費者にとって有利な特約（例えば、訪問販売でクーリング・オフ期間を10日間とするなど）は無効にはなりません。

● クーリング・オフを規定する現行法一覧

法律名	条文	期間	取引
特定商取引に関する法律	9条	8日間	訪問販売
	24条		電話勧誘販売
	48条		特定継続的役務提供
	40条	20日間	連鎖販売取引
	58条		業務提供誘引販売
割賦販売法	4条の4	8日間	店舗外での割賦販売
	29条の3の3		店舗外でのローン提携販売
	30条の2の3		店舗外での割賦購入あっせん
宅地建物取引業法	37条の2	8日間	店舗外での宅地・建物の売買契約
保険業法	309条	8日間	店舗外での保険契約
ゴルフ場等に係る会員契約の適正化に関する法律	12条	8日間	ゴルフ会員権
特定商品等の預託等取引契約に関する法律	8条	14日間	現物まがい（預託）取引
商品投資に係る事業の規制に関する法律	19条	10日間	商品投資契約
不動産特定共同事業法	26条	8日間	不動産特定共同事業契約
有価証券に係る投資顧問業の規制等に関する法律	17条	10日間	投資顧問契約
海外商品市場における先物取引の受託等に関する法律	8条	14日間	海外先物取引（但、売買指示受付の禁止）

（甲斐道太郎ほか編『消費者六法　判例・約款付 2010年版』（民事法研究会、2010年）1508頁を参考に作成）

➡7 本件は第1審が簡易裁判所、控訴審が地方裁判所で、福岡高裁判決は上告審に該当します。その点からしても、口頭によるクーリング・オフの効力を認めた判断は、他の裁判所の先例となる「判例」としての意味を持っています。

➡8 例えば、携帯電話に契約締結後8日以内に契約した会社のお客様相談室宛に電話をした履歴が残っていたとします。この履歴データを消費者からのクーリング・オフの意思表示と構成することができるのかは、とても大きな問題です。電話をかけたという事実は確認できたとしても、契約をやめたいという意思を伝えたかどうかは何とも言えないからです。もっとも、私はその場合にもクーリング・オフの意思表示がなされたと推定することは十分可能だと考えます。そうすれば、お客様相談室にはどのような問い合わせがお客様からなされたかを正確に記録することが求められることになります。
消費者基本法は事業者に「苦情を適切かつ迅速に解決すること」を求めています。それを推進させる解釈が、クーリング・オフではとりわけ重要だと思うのです。

を与えるのが相当」として、口頭によるクーリング・オフの意思表示の効力を認めています（福岡高裁平成6年8月31日判決 判例タイムズ872号289頁、消費者法判例百選112頁）。考えてみれば、多くの消費者は、不本意な契約をしてしまった場合、販売業者に対して連絡をして、解約したい旨を直接に伝えることがほとんどでしょう。その場で、事業者が「わかりました」と言えば、それに加えて新たに書面を出して念を押すことは通常、考えられません。その意味では、事実関係についての争いがない限り、形式的な書面要件だけでその効力を否定することが正しいとは言えません。もっとも、意思表示の明確さという基準を、消費者取引の実態をふまえてどのように考えるべきかは、今後に残された課題です。例えば、電話による意思表示を明確だと評価するためには、どのような証拠があればいいのでしょうか。それが携帯電話やメールを使ってなされた場合はどうでしょうか。ぜひ、考えてみてください。

一方、クーリング・オフの期間は、事業者が法が定める書面（通常は契約書）によって告知したときから始まります。特商法を所管する経済産業省（現在は消費者庁と共管）は、通達で「書面を交付しなかった場合は、クーリング・オフの起算日は進行しないことになる」「書面に重要な事項が記載されていない場合も、クーリング・オフの起算日は進行しないと解される。特にクーリング・オフができる旨記載されていない等クーリング・オフに関する記載事項が満たされていない書面は、法9条1項にいう『第4条又は第5条の書面』とは認められない」としています。消費者は、事業者からのクーリング・オフの制度を含む契約に関する情報を提供されてはじめて、冷静に契約の必要性などについて判断することができると考えられているのです。もっとも、「どのような書面不備があれば期間が延長されるのか？」と「書面不備による期間の延長はいつまでなのか？」との2つの問題が残されています。

これについては多数の裁判例に加え、消費生活センターなどでの紛争解決の際の実務的な処理の蓄積もあります。裁判例では、クーリング・オフについてだけでなく、商品名（例えば、東京地裁平成7年8月31日判決 判例タイムズ911号214頁）やその数量（東京地裁平成5年8月30日判決 判例タイムズ844号252頁、消費者法判例百選114頁）、その引渡時期（例えば、名古屋地裁平成14年7月4日判決）などが記載されていない場合に書面不備と判断しています。また、アポイントメントセールスでのダイヤの売買について、商品といっしょに鑑定書と保証書が契約後2カ月を経過して郵送されたが、消費者が受け取りを拒否した場合に、クーリング・オフによる解除を認めています（大阪地裁平成12年3月6日判決 消費者法ニュース45号69頁）。一方、期間に関しては、ゴルフ会員権の購入契約の解除が契約後2年6カ月経過後に争われています（東京地裁平成8年4月18日判決 判例時報1594号118頁）。本件は、訪問販売であるにもかかわらず書面が交付されていなかった事案で、ゴルフ場の開場も2年半遅延している事案でしたが、クーリング・オフによる契約解除が認められています。解除権の時効は5年と解されます（商法522条）。5年を最長として、「書面不備」の程度とクーリング・オフが主張された時期とを相関的に考慮して、消費者からの主張が権利の濫用あるいは信義則に反するとされない限り、クーリング・オフが認められると考えられます。

また、クーリング・オフができるにもかかわらず、「期間が過ぎている」とか「この取引にはクーリング・オフはできない」など、その行使を妨害さ

れた場合には、改めて書面で告知されるまで、その期間が進行しません（特商法9条1項1号但書）。

3　クーリング・オフの意義

　クーリング・オフは、契約被害から消費者を救済するうえで、もっとも有効な制度として機能しています。それは、クーリング・オフが一定の期間内であれば、消費者の意思表示のみによって契約の効力を否定するとの効力が生ずるからです。言わば消費者の権利として契約の解約ができるのです。クーリング・オフは実際には消費者が納得できない契約を解除するために使われます。しかし、取引の不当性が問題とされてはいません。あくまで、形式的な要件に該当するかどうかが問われるだけです。ただし、その要件は取引類型ごとに異なっている部分があり、注意が必要です。

　クーリング・オフの要件との関係で問題となるのが、「営業」のための訪問販売、通信販売、電話勧誘販売取引が特商法の適用除外とされていることです（特商法26条1項1号）。ここで言う営業とは「営利を目的として反復継続してなされる」取引のことです。もっとも、形式的に営業に属するとしても、契約当事者間に当該取引について知識や情報について消費者と同様の格差がある場合には、取引の実質が問われることがあります。例えば、自動車販売業者に対して訪問販売でなされた消火器の薬剤充填契約について、クーリング・オフを認めた裁判例があります（大阪高裁平成15年7月30日判決　消費者法ニュース57号155頁）。自動車販売業者にとって、消火器の取引は営業の対象ではないと判断されています。また、零細個人事業者がした電話機リースが「営業」のためのものではなく、訪問販売に該当するとして、特商法のクーリング・オフの行使を認めた裁判例があります（名古屋高裁平成19年11月19日判決　判例時報2010号74頁、判例タイムズ1270号433頁）。

●訪問販売、通信販売または電話勧誘販売に該当しても、特商法の適用除外とされる契約類型

特商法が適用されないもの（特商法の適用除外規定、26条）	26条1項	1号	営業のため、もしくは営業の目的で締結する契約
		2号	本邦外にある者に対する契約
		3号	国又は地方公共団体による契約
		4号	労働組合や農業組合などが組合構成員に対してする契約
		5号	事業者がその従業員に対してする契約
		6号	株式会社以外の者がする新聞紙の販売
		7号・8号	他の法令で消費者の利益を保護することができる等と認められるもの ※弁護士法、金融商品取引法、旅行業法など49法令
書面交付、クーリング・オフの適用除外	26条2項		役務の全部の履行が契約の締結後直ちに行われることが通例である役務 ※キャッチセールスでの飲食店、マッサージ、カラオケボックス、海上タクシーの契約
クーリング・オフの適用除外	26条3項	1号	交渉が相当の期間にわたり行われるのが通常の取引態様である商品・役務 ※自動車販売、自動車リース
		2号	契約後速やかに提供されないと著しく利益を害するおそれがある役務 ※電気・ガス・熱の供給、葬儀
	26条4項	1号	消費により価値が著しく減少するおそれがある商品 ※化粧品等7品目に加え配置薬
		2号	品質保持が難しく、品質低下により価格が著しく減少する商品 ※指定なし
		3号	少額の現金取引 ※3000円以下の現金取引

9 消費者契約法の考える公正な契約とは？
▶納得できない契約③

1 消費者契約法の適用範囲と情報提供義務

　消費者契約法（以下、消契法）が適用されるのは、文字どおり「消費者契約」です。消費者契約とは、労働契約を除く（消契法48条）、消費者と事業者との間で締結されるすべての契約です（消契法2条3項）。消費者とは、事業として又は事業のために契約の当事者となる場合以外の個人を言います（消契法2条1項）。一方、事業者とは法人その他の団体、それに事業として又は事業のために契約をする個人だとされています（消契法2条2項）。例えば、散髪屋のご主人が理髪用ハサミを買う契約は、個人だけど、事業のための契約ですので、消費者とは言えません。もっとも、散髪屋のご主人を含め、私たちが生活のためにする契約はそのほとんどが消費者契約です。学校に行くために電車に乗る運送契約しかり、お昼のお弁当をコンビニで買う売買契約も当然、洋服などのクリーニングの契約は民法で言うと請負契約と寄託契約の混合契約ですが、これも私たちがする限り消費者契約です。消契法は、私たちの生活を規律する基本的な法律であることが理解できると思います。

　さて、消契法は、勧誘に際して、消費者契約の条項を明確かつ平易にするとともに、消費者の理解を深めるために、消費者の権利義務その他の契約内容について必要な情報を提供することを求めています（消契法3条）。この条文は「努めなければならない」と結ばれており、通常、努力義務を規定したものと理解されています。仮に適切な情報提供が事業者からなされなかったとしても、この条文だけを根拠に消費者が損害賠償を請求したり、契約を解除したりすることはできないと解されています。もっとも、消費者が納得して契約を締結するための、重要で、そして最も基本となるのが、この事業者による情報提供（説明）です。不十分、不正確あるいはわかりにくい情報提供がなされれば、それは契約に対する消費者の不満につながります。もっとも、消費者がわかる説明を適切に行うことは容易ではありません。例えば、内閣府の調査では、高額な契約をした際に説明を受けたとする消費者が80％を超えているのに、その説明を理解できたとする消費者は43.4％にとどまっています。契約そのものを明確かつ平易にする努力がなされてはじめて、消費者に対する情報提供が意味を持つのです。明確な契約条項とわかりやすい説明は、消費者取引の基本ルールであることを忘れてはいけません。

2 消費者契約法と不適切な勧誘を理由とする契約の取消し

　消契法は、事業者による不適切な勧誘によって締結した契約を取り消すことができる場合として、2つの類型に5つの事由を定めています（4条、41頁表参照）。

➡1　消費者契約法については、消費者庁企画課編『逐条解説消費者契約法〔第2版〕』（商事法務、2010年）、日本弁護士連合会消費者問題対策委員会編『コンメンタール消費者契約法〔第2版〕』（商事法務、2010年）が参考になります。それぞれの法解釈を比べてみてください。

➡2　消費者契約法は、民法の特別法として、消費者と事業者との基本的な取引ルールを定めた法律だと考えられます。もちろん、この法律に規定されている情報提供義務や不当勧誘、不当条項の考え方は、いわゆる悪質な事業者による契約被害からの救済法理としての意味があることも否定できません。
　しかし、こうした取引ルールは悪質な事業者だけに向けられたものではなく、消費者と取引をする誠実な事業者を含む、すべての事業者を名宛人として規定されているのです。逆に言えば、消費者契約法の法理をそれぞれのビジネスモデルに具体化することが、事業者には求められていると言えるのです。

➡3　内閣府「平成13年度消費者の意識調査─契約・権利に対する消費者意識」。その概要が内閣府ホームページに紹介されています（http://www5.cao.go.jp/seikatsu/2002/0326ishiki.html）。

➡4　2005年2月以降、保険会社各社による保険金や給付金の不払いが社会問題となりました。金融自由化によって、保険契約が多様化し、様々な特約が付された結果、保険会社ですらそれに対応した支払いの仕組みを整備できていなかったこともその原因のひとつでした。
　不払い額は、生命保険38社で約131万件、約964億円（2007年12月8日調査）。損害保険大手6社で38万件余り、約294億円（2007年4月27日）に達しました。簡易保険でも最大80

中古自動車屋さんの広告や看板に「当社は事故車は一切、取り扱っていません」と書いてあるのを見たことはないでしょうか。あるいは、中古自動車屋さんで対応した営業マンから「もちろんわが社では事故車は扱っていません」と説明されたとします。安心してその店で中古自動車を購入したのですが、どうも調子が悪い。調べてもらったら、事故車であることがわかったとします。この中古自動車の売買契約をどう考えるべきでしょうか。そんな嘘による契約は「詐欺」だから、契約を取り消すことができるはずだと思われるかもしれません（民法96条）。ただ、民法の詐欺は、欺す故意とそれによって契約をさせようとの故意（このことを二重の故意と言います）が必要で、それを契約の取消しを主張する消費者が証明しなければなりません。故意というのは相手方の心の中にある主観的意図の問題です。欺すという意図を証明することはなかなか大変なことです。悪質商法のことを「詐欺的商法」と言います。「的」に「故意」を証明することの苦労がにじみ出ています。

　消契法に誤認類型のひとつとして規定されている「不実告知（4条1項1号）」では、故意が要件になっていません。欺してやろうと思って虚偽の説明をするのでなく、結果的に重要事項について事実と異なる説明がなされたならば、契約の取消しが認められるのです。故意を証明しなくてすむだけ、消費者にとっては民法の詐欺よりははるかに取消しの主張が容易です。なお、重要事項とは、契約の目的物の品質等の内容と取引条件とされています（消契法4条4項）。これは民法に比べると追加された要件ですが、「契約内容」をできるだけ広く解釈することで妥当な解決を図ることが必要です。先ほどの中古自動車の例にあてはめて考えてみましょう。事故車かどうかは質にかかわる重要事項に該当します。事故車であったという事実を証明できれば、営業マンあるいは看板や広告での説明が事実とは異なることになりますから、中古自動車の売買契約を取り消すことができることになります。

万件の不払いが問題となっています（2008年4月10日）。消費者が契約する保険が、プロである保険会社ですら正しく運用できない状況にあったことは、皮肉と言うしかありません。もっとも、結果的にはそれで被害を被るのは消費者です。

➡ 5　例えば、シロアリが発生しているからこのままだと家が危ないと虚偽の説明をして、駆除契約を締結した場合、虚偽の説明は契約そのものについてではなく、その前提となる事情や契約をする動機についてなされているため、重要事項に該当するかが問題になります。

　たしかにこの契約は、民法の詐欺に該当する可能性が高いでしょう。もっともその立証の困難さを克服し、広く消費者契約を適正化するとの消費者契約法の趣旨を考えると、この場合にも「質、用途その他の内容」を広く解釈して、取消権の行使を認めることが妥当です。

　従来の電話機が使えなくなると虚偽の説明をして高額な電話機のリース契約を締結させた事案に不実告知による取消しを認めた、神戸簡裁平成16年6月25日判決、大阪簡裁平成16年10月7日判決（いずれも兵庫県弁護士会ホームページ「消費者問題判例検索システム」http://www.hyogoben.or.jp/hanrei/）が参考になります。

● 消費者契約法における契約締結過程の適正化

条文		不適切な勧誘行為		効果
誤認類型	4条	1項1号	重要事項の	不実告知	契約取消
		1項2号	将来の変動が不確実な事項の	断定的判断の提供	
		2項	重要事項又は関連する事項の	不利益事実の故意による不告知	
困惑類型		3項1号	不退去（帰ってくれとの意思表示をしたのに帰らない）		
		3項2号	退去妨害（監禁）（帰りたいとの意思表示をしたのに帰さない）		

● 消費者契約法における契約内容の適正化

条文		条項の種類		効力	免責
8条	1項1号	債務不履行	損害賠償の	全部免責条項	無効	瑕疵担保の場合（8条2項）事業者又はその委託を受けた者が瑕疵なき物の給付又は修補の責任が規定されている場合には、1項5号は適用しない。
	1項2号			故意or重過失の一部免責条項	
	1項3号	不法行為		全部免責条項	
	1項4号			故意or重過失の一部免責条項	
	1項5号	瑕疵担保		全部免責条項	
9条	1項1号	損害賠償額の予定	平均的な損害を超える賠償の予定	一部無効	
	1項2号		年14.6%を超える遅延損害金		
10条		消費者の利益を一方的に害する条項		無効	

● 年度別にみた契約・購入金額および既支払金額の推移

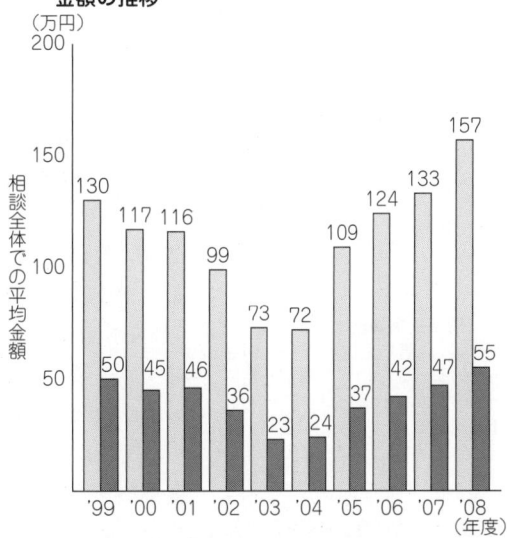

（万円）
相談全体での平均金額

年度	'99	'00	'01	'02	'03	'04	'05	'06	'07	'08
契約・購入金額	130	117	116	99	73	72	109	124	133	157
既支払金額	50	45	46	36	23	24	37	42	47	55

（注）　データは2009年5月末日までの登録分。図中の金額は、合計金額では1億円未満を、平均金額では1万円未満を四捨五入した値である。なお、昨年度までの消費生活年報では金額が0円のデータを除いて算術平均を計算していたが、本図では0円を含めた平均値としている。

（出所）　国民生活センター『消費生活年報2009』36頁

「絶対儲かる」「損をするはずがありません」といった説明でさせた契約を取り消すことができる根拠となるのが、「断定的判断の提供（消契法4条1項2号）」です。これには「重要事項」というしばりはありません。ただ、将来における変動が不確実な事項が「財産的事項」に限定されるのか否かとの問題が残されています。「絶対痩せる」と言って勧誘したエステの契約が、断定的判断の提供を理由として取消しの対象になるかどうかです。消費者契約法の趣旨を考えると、条文に記載されている財産的事項を例示であると解して、それにとどまらず広く変動が不確実で消費者が誤認するものに、取消しを認めるべきです。

　「不利益事実の不告知（消契法4条2項）」は、重要事項について、有利なことを告げたにもかかわらず、不利益な事実を故意に告げない場合に、契約を取り消すことができるとしています。例えば、眺望を売りにしてマンションが販売されたにもかかわらず、その不動産業者は隣地に高層住宅が建築されることを知りながら、それを告げなかった場合です。

　困惑類型には「不退去（消契法4条3項1号）」と「退去妨害（監禁）（消契法4条3項2号）」という2つの事由が取消原因として規定されています。不退去とは、帰ってくださいと伝えたにもかかわらず居座って契約をさせること。退去妨害（監禁）とは、帰りたいと伝えたにもかかわらず帰さずに契約をさせることです。いずれも民法の「強迫」（民法96条）と重なる行為ですが、強迫による取消しのためには、これも故意が必要です。不退去と退去妨害（監禁）はともに、消費者が意思表示をしたにもかかわらず、事業者がそれに反する勧誘行為をして、消費者が困惑して契約をしたという客観的な事実を取消権の基礎としています。

3　消費者契約法における不当な契約条項の無効

　「スポーツクラブの中で起こった事故については、当クラブは一切責任を負いません」。スポーツクラブの規約にこんな免責条項が規定されていたなら、その効力はどう考えるべきでしょうか。仮に、クラブの中でけがをしたとしても、その治療費などを請求することはできないのでしょうか。

　裁判では、当事者がこうした条項で免責を合意したのは「スポーツ固有の危険性」であると限定的に解釈して責任を認めた判決（東京地裁平成9年2月13日判決　判例時報1627号129頁、判例タイムズ953号208頁、消費者法判例百選88頁）もありますが、免責条項そのものを無効としたわけではありません。クラブの監視体制の不備がプールでの死亡事故の原因であった事件で、免責条項を公序良俗に反して無効（民法90条）とした判決（富山地裁平成6年10月6日判決　判例時報1544号104頁）もありますが、これはきわめて例外的な事件です。一般的には、当事者が合意した以上、契約条項は、公序良俗に反しない限り、効力があることを前提に解釈されることになります。

　消契法は、債務不履行や不法行為に基づく損害賠償責任を負わないとの免責条項を無効であると規定しています（消契法8条1項1号・8条1項3号）。また、例えば「発生した損害について10万円を限度に責任を負います」といったような一部免責条項も、損害が故意又は重過失によって生じた場合には無効としています（消契法8条1項2号・8条1項4号）。さらに、瑕疵担保責任を負わないとの条項も、瑕疵のないものを渡すか、修理をする責任が規定さ

→6　**瑕疵担保責任**（民法570条・634条）　直ちにはわからない目的物の瑕疵についての責任を定めるものです。瑕疵とは、欠陥とほぼ同義ですが、それに加えて、欠陥とは言えない不具合までも含む概念です。例えば、購入した家屋（不動産）に雨漏りをするとの不具合があった場合、購入者は、まずはその修理やそのための損害賠償を、その不具合が家屋を購入した目的を達成することができない程度の場合には、契約の解除をすることができると規定しています。

れていない場合には、無効となります（8条1項5号）。

　また、民法は違約金や損害賠償額の予定を当事者で事前に合意することを認めています（民法420条）。その結果、実際には契約を解除しても、高額な違約金やキャンセル料の支払いを消費者が強制されることが少なくありません。消契法では、実損害を超えるような違約金を制限する趣旨で、平均的損害を超える賠償の予定を、超える部分について無効としています（消契法9条1項1号）。平均的損害をどのように算定するのか。それをだれが主張、立証するのかについては、議論が分かれています。もっとも、平均的損害の金額が確定しないために、結果的に不相当に高額な違約金を事業者が得ることができる結果が生ずるのは何とも不合理です。平均的損害の算定には、事業者の業務実態などを考慮する必要があり、その意味でも立証責任に事業者の関与が図られる方法によるべきでしょう。[7]また、金銭債務の支払遅滞による遅延損害金については、年率14.6％が上限であると規定してます（9条2号）。

　民商法などの法律の任意規定と比べて、信義則（民法1条2項）に反して消費者の利益を一方的に害する条項も無効とされています（消契法10条）。[8]この規定は、具体的な条項を対象とした消契法8条や9条とは異なり、「不当条項に関する一般条項」であって、幅広く消費者契約の条項の不当性を評価する基準を示しています。裁判では、進学塾の中途解約の場合の受講料等の不返還特約（東京地裁平成15年11月10日判決 判例時報1845号78頁、消費者法判例百選100頁）、不動産賃貸借契約の賃借人に原状回復を課す特約（大阪高裁平成16年12月17日判決 判例時報1894号14頁）や敷引特約（神戸地裁平成17年7月14日判決 判例時報1901号87頁）などが、無効とされています。これらの判決では、いずれも民法の任意規定が、消費者契約における当事者の権利義務の基準として機能しています。

▸▸7　同趣旨、日本弁護士連合会編『消費者法講義〔第3版〕』（日本評論社、2009年）117頁（野々山宏執筆）。

▸▸8　**任意規定**　条文では「民商法その他の法律の公の秩序に関しない規定の適用による場合に比し」と表現されています。任意規定とは、契約当事者が法律の規定と異なる合意をした場合に、合意が優先される法規定のことを言います。「契約自由の原則」により、民商法の大部分の規定は任意規定です。例えば、瑕疵担保責任を負わないとの合意は、瑕疵を知りながら排除した場合を除いて有効とされています（民法572条）。
　逆に当事者で排除できない法規定を「**強行規定**」と言います。公序良俗則（民法90条）がその一例です。

❗ 学納金返還請求訴訟と消費者契約法

　消費者契約法を使って、大学に前納学納金の返還を求めた裁判は、社会的にも大きな注目を集めました。大学の入学契約には「納付いただいた入学金、授業料などの前納学納金についてはいかなる理由があろうとも返還いたしません」という趣旨の規定が、ほとんどの私立大学に置かれていました。しかも、学納金の納付期限が、合格発表の後、比較的早期に設定されていたため、受験生は第一志望の合否がわかる前に学納金を納付せざるをえない状況にあったわけです。

　最高裁判所は、平成18年11月27日、いずれも第2小法廷で5件の判決を同じ日に出しています（最高裁平成18年11月27日判決 最高裁判所民事判例集（民集）60巻9号3437頁・3597頁・3732頁、消費者法判例百選90頁。この判決については、「特集・学納金返還請求最高裁判決を読んで」NBL849号（2007年）に、様々な立場からのコメントが掲載されており、参考になります）。最高裁は、授業料等の不返還特約は、実質的には損害賠償額の予定又は違約金としての性格を有し、定員割れ等といった事態がない以上、平均的損害は生じていないとして消契法9条1項により無効になると判示しました。そして、前納授業料の返還請求が可能な期日を、基本的には4月1日を基準としました。なお、入学式の欠席を入学辞退と取り扱う場合には、その日が基準日になります。また、入学金については、それが不相当に高額でない限り、大学に入学しうる地位を得る対価として、大学が有効に取得できるとしています。

　授業料を常識的に考えれば、教育機関で授業を受けることの対価にほかなりません。その意味で、受けることのない授業の対価を大学が得ることができるとすることは、消費者の通常の意思に反します。最高裁判決を受けて、各大学は授業料の前納をやめたり、3月末までの入学辞退者には返還するなどの対応をとっています。この事案は、消費者契約法の適用によって、契約のあり方を消費者の視点に基づくものに変化させた具体例としての意義があるのです。最高裁は、その後、鍼灸学校の前納授業料についても消契法10条により、同様の判断を示しました（最高裁平成18年12月22日判決 判例時報1958号69頁、判例タイムズ1232号84頁）。

安心してサービスの提供を受けるには？
▶役務契約の留意点

1 経済のサービス化と私たちの生活

　数年前まで、携帯電話の本体価格は例えば1円だとか、ほとんど新製品であるはずの機種ですら5000円にも満たない低価格で売られていました。複雑な先端技術が詰まった携帯電話をそんな値段で作れるはずもないことはだれにでもわかります。携帯電話をただの箱にしないためには、携帯電話事業者との間で加入契約を締結する必要があります。実際には、通話をしたり、メールやパケット通信をしたりすることによって、発生する通信費用こそが重要な収入源であって、電話機そのものはそのための手段にすぎないのです。そこでは携帯電話という「物」ではなく、通信サービスという「役務」こそが主役になっています。総務省によると、PHSを含む携帯電話の加入契約数は2010年6月末で1億1759万件を超え、人口普及率も92％に達しているそうです。経済のサービス化という変化が、私たちの生活の中で現実のものになっているのです。

　その変化を反映して、役務についての消費者からの相談も増えています。PIO-NETの統計によると、国民生活センターや全国の消費生活センターに寄せられる消費生活に関する相談件数に占める「商品」と「役務」の割合は、2000年度にはじめて役務の割合が52.1％と商品の46.7％を上回って以来、ずっと役務に関するものが多数を占め、ここ数年はその割合は60％を超えています。とりわけ、携帯電話やインターネットなどの通信サービス、塾や学校などの教育サービス、エステなどの美容サービスなどに関する相談が増加傾向にあるとのことです。

　そもそも、役務に関する契約には、物の売買とは異なる特徴があります。まず、役務の質の客観的な評価が、容易ではありません。例えば、エステで受けた施術がその対価に見合ったものであるのかどうか、期待した内容や水準にあるのかを客観的に評価することはとても難しいことです。消費者の期待する成果と客観的な結果とを比較することが必ずしも妥当でないこともありえます。また、物であれば事前にカタログやその商品そのものを手にとって客観的に評価することが可能ですが、サービスの中には提供される人の技術や個性による部分が大きく、結局は提供を受けてみなければその評価ができないものも少なくありません。さらに、例えば英会話教室や塾などのように、その成果の実現のためにはサービスの受け手側の努力や積極的関与が不可欠なものもあります。

　また、役務に関する契約はその期間が長期に及ぶことがめずらしくありません。いわゆる「継続的契約」です。契約期間が長い結果、その途中で事情の変更が生じたり、役務の内容が自らのニーズに合わないとして、その契約

➡1　総務省総合通信基盤局電気通信事業部料金サービス課「携帯電話・PHSの加入契約数の推移」。

➡2　国民生活センター『消費生活年報2009』。

を解約したいと考える事態が生ずることがありえます。2年間の英会話教室の契約をしたにもかかわらず、半年後に通うことができない地域への転勤を会社から命じられたという事態は、だれにでも起こりうることです。

最後に、仮に契約期間途中で解約となった場合、すでに提供された役務に対価をどのように考えればよいのでしょうか。単純に契約期間や提供予定の役務の回数を分母に、提供済みの期間や回数を分子として、契約金額に乗することで足りるのでしょうか。

2　サービス契約への民法の対応

さて、法律が経済のサービス化という変化に十分に対応できているかと言えば、それははなはだ疑問です。そもそも、法律は「役務」という言葉でサービスのことを表現しています。横文字が氾濫することが正しいとは思いませんが、役務という表現は、いかにも現実社会での言葉からは遊離しているように思えます。

少し具体的に考えます。契約を規律する基本法は民法です。民法の第1編から第3編までの財産法にかかわる部分は、2004年に現代語化を実現するための大きな改正がありましたが、その規定の内容は基本的には1896（明治29）年に制定された時から大きな変化はありません。明治時代には今ほど、サービスが重要だという認識はなかったでしょう。その意味で民法はサービスにさほど強くありません。

民法には13種類の契約が規定されています。その中で、役務提供型契約と分類されるのは「雇用」「請負」「委任」「寄託」の4種類です。雇用は働くことに関する契約、寄託は物の保管に関する契約にその適用が限られています。役務を広く対象とする可能性を持つ契約類型は「請負契約（民法632条）」と「委任契約（民法643条）」ということになります。請負と委任の最も異な

➡3　内田貴法務省参与（前東京大学教授）を中心とする「民法（債権法）改正検討委員会」によって、民法、とりわけ債権法の改正が具体的に検討されています。サービス提供型の契約についても、役務提供契約を規定することが提案されています。

➡4　これを「典型契約」とか「有名契約」と言います。民法に書かれていないけれども、実際には使われている契約を「非典型契約」「無名契約」と言います。

● 特商法で規制される役務の種類

役務の種類	提供期間	支払金額
エステティック	1月を超えること	5万円を超えること
外国語会話教室、学習塾、家庭教師派遣、パソコン教室、結婚相手紹介サービス	2月を超えること	

● 特商法による中途解約での清算ルール

		上限金額
役務の提供開始後（1号）		下記の①と②とを合計した金額 ①提供された役務の対価に相当する額 ②通常生ずる損害額として役務ごとに政令で定めてある金額（下記のいずれか低い額）
	エステ	2万円又は契約残額の10%
	外国語教室	5万円又は契約残額の20%
	家庭教師派遣	5万円又は1月分の役務の対価
	学習塾	2万円又は1月分の役務の対価
	PC教室	5万円又は契約残額の20%
	結婚相手紹介	2万円又は契約残額の20%
役務の提供開始前（2号）		契約の締結及び履行のために通常要する費用の額として政令で定める額
	エステ	2万円
	外国語教室	1万5000円
	家庭教師派遣	2万円
	学習塾	1万1000円
	PC教室	1万5000円
	結婚相手紹介	3万円

● 年度別にみた商品全体・役務全体の相談の構成比の推移

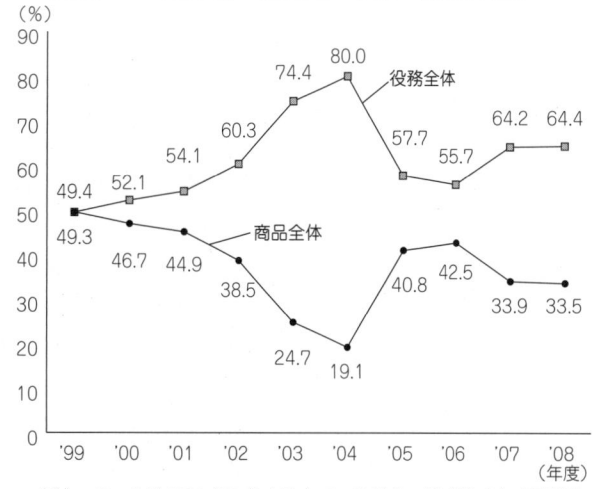

役務全体：'99 49.4、'00 52.1、'01 54.1、'02 60.3、'03 74.4、'04 80.0、'05 57.7、'06 55.7、'07 64.2、'08 64.4

商品全体：'99 49.3、'00 46.7、'01 44.9、'02 38.5、'03 24.7、'04 19.1、'05 40.8、'06 42.5、'07 33.9、'08 33.5

（注）　データは2009年5月末日までの登録分。構成比は年度別総件数を100として算出した値である。
（出所）　国民生活センター『消費生活年報2009』12頁

る点は、請負が仕事の完成という結果が必要な契約であるのに対して、委任は法律行為に関する事務を善良なる管理者の注意でもって処理する契約であって、結果は必ずしも求められていないということにあります。例えば、大工さんに家を建築してもらう契約は請負、散髪をしてもらう契約も請負、弁護士に訴訟を依頼する契約は委任の性質を有しているとされています。弁護士に訴訟を頼むのは勝訴という結果を期待してのことですが、実際には必ずしも裁判に勝てるとは限らないわけで、契約としては誠実に事務を行うことが弁護士に課せられている義務なのです。

請負にも委任にも、契約期間途中での契約解除を規定した条文があります（請負は民法641条。委任は民法651条）。請負は注文者に、委任は契約当事者双方に解除権を認めています。もっとも、請負では請負人の損害を賠償することが条件とされています。委任でも、やむをえない場合は例外として、相手方が不利な時期での解除の場合に損害を賠償することが必要とされています。消費者が、この民法に基づいてサービス提供契約を中途解約しようとする場合、解除が可能だとしても、それによってどれだけの金額の支払いが必要となるのかはわかりません。民法では、損害賠償額の予定や違約金を自由に合意できるので（民法420条）、ひょっとすると高額なキャンセル料が契約書に記載されているかもしれません。それでは解約する意味がほとんどないことになります。なるほど、キャンセル料については、2001年4月1日施行の消費者契約法（以下、消契法）が平均的損害を超える部分は無効としています（消契法9条1号）。しかし、平均的損害という概念もあいまいで、その金額を解除の前に見積もることは容易なことではありません。結局、「いくら払わなければならないかわからない」のでは、消費者は解除権を行使するに慎重にならざるをえません。また、民法の大部分は任意規定ですので、当事者が異なる合意をすればそちらが優先されます。極論ですが「中途解約は一切認めない」と契約書に規定することも可能なのです。消契法10条でこの条項が無効になることは論を待ちません。ただ、その場合でも中途解約による損害の支払義務は残っているのです。

3　特定商取引法と特定継続的役務提供の規律

無形であるがゆえのサービスの評価の難しさ、契約期間の長さからくる事情の変化への対応や中途解約の要請。こうした課題を法的に解決するためには、第一に契約締結前に可能な限り、詳しい情報を消費者に提供することが必要になります。また、契約期間途中での解約をできるだけ具体的に法に規定することで、中途解約権を消費者が合理的な判断に基づいて行使できるような仕組みを整備することが大切になります。不本意な契約を強制しても、契約当事者にとってはもちろん、社会的に考えてもそれは意味のないことだと考えられるからです。

1999年、訪問販売法が改正され、特定継続的役務提供が規制対象取引に追加されました。当初は、「エステ」「外国語会話教室」「家庭教師派遣」「学習塾」がその対象でした。その後、2001年に法の名称が特定商取引法（以下、特商法）に変更され、2004年に「パソコン教室」「結婚相手紹介サービス業」が新たに追加されています（特商法41条、政令11条・12条）。

特商法はこれらの特定継続的役務提供について、書面交付義務（特商法42

条)、8日間のクーリング・オフ（特商法48条）、誇大広告の禁止（特商法43条）、不当な勧誘行為の禁止（特商法44条）帳簿の備え付けと閲覧させる義務（特商法45条）を課しています。

　特定継続的役務提供に関して特商法で最も注目すべきが、中途解約権と損害賠償額の制限をした規定です（特商法49条）。消費者にクーリング・オフ期間経過後にも中途解約する権利を付与するとともに、この場合に事業者が消費者に請求できる解約手数料の上限を定めています。[5] 具体的には、役務提供開始後の中途解約の場合には、提供済みの役務の対価に通常生ずる損害金として役務ごとに政令で定める金額を加えた解約手数料とその遅延損害金しか請求することはできません（本書45頁の表「特商法による中途解約での清算ルール」参照）。消費者からすれば、中途解約に伴って自らが支払わなければならない解約手数料がおおよそ計算できることになるわけです。解約をするかどうかの判断にとって、それは必要不可欠な情報にほかなりません。

　例えば、エステの契約を1年間、施術回数24回、代金総額36万円で契約したとします。1カ月間に2回の施術を終えた時に、中途解約をしたとします。提供済み役務の対価は1回あたり1万5000円と評価するのが素直ですので、3万円ということになります。通常生ずる損害金は、2万円または契約残額の10%である3万3000円のいずれか低い額で、この場合には2万円です。したがって、この契約は5万円の解約手数料を支払うことによって解約することができるのです。

　事業者がこうした中途解約を避けるためには、契約前の情報提供を徹底して、いわゆるミスマッチな契約を締結することを回避するとともに、契約期間中も質の高いサービスを提供することが必要になります。中途解約権の法による明確化は、結果的にはサービス取引の契約の仕組みや提供されるサービスの質の向上にもつながるのです。

➡ 5　中途解約の場合の解約手数料が争われた著名な最高裁判決があります（最高裁平成19年4月3日判決　民集61巻3号967頁、消費者法判例百選126頁）。被告となったのは、ピンク色のウサギのキャラクターを使った派手なCMと「駅前留学」というキャッチコピーで、英会話学校を全国に展開していた「株式会社NOVA」でした。この判決を様々な観点から検討するものとして「探究　受講契約解約清算金請求事件―最三判平成19・4・3を受けて」NBL858号があります。

··

❗ 英会話学校（NOVA）をめぐる最高裁判決とその社会的影響

　英会話学校NOVAの受講契約はポイント制になっていました。1ポイント1授業が基本で、600ポイントを購入すれば単価1200円で75万6000円、50ポイントだと単価3000円で15万7500円でした。仮に600ポイントを購入したが50ポイントを使った後に中途解約したとします。その際の返還額は、(75万6000円−1200円×50×1.05)−5万円＝64万3000円とするのが素直な考え方でしょう。ところが、NOVAの受講契約には、清算の際に使用済みのポイントをその近隣直下のポイント単価で計算するとしていました。その結果、履行済みの役務の対価は、3000円×50×1.05＝15万7500円で、返還額は54万8500円となるのです。NOVAは、1年間の経過で200ポイントを消化したものとみなすとの規定を置いていた時期もありました。50ポイントの消化に1年数カ月かかっていたとすると消化済みのポイント数は250ポイントとなり、ますます返還額は少なくなります。特商法は「履行済みの対価」の計算方法については何も定めておらず、したがってその計算方法は当事者で合意できるというのがNOVAの主張でした。

　最高裁は、契約時のポイント単価で清算されると解するのが自然であるとしたうえで、NOVAの清算条項によれば契約時単価で計算した場合に比べて、使用済みポイントの対価は常に高額になり、それは実質的に損害賠償の予定あるいは違約金として機能することになると指摘しました。特商法49条2項は「損害賠償の予定又は違約金の定めがあるときでも」、同条同項2号に規定された政令で定める額を超えることはできないと規定しています。違約金にかかる部分は「5万円又は契約残高20%」の部分で対処されているというわけです。

　この判決も契機となって、NOVAには中途解約による清算金の返還が多数請求されました。2007年6月13日には、経済産業省が、特商法違反を理由として6カ月間の業務停止を命じる行政処分を出しています。その結果、NOVAは2007年10月26日に会社更生の手続きを申請し、経営が破綻しました。経営破綻時の負債総額は約439億円。全国に900の教室があり、生徒数は約40万人。その生徒が前払いした受講料は約255億円と推定されています。

IT社会で変わる通信販売を考える
▶便利なネット通販の落とし穴

1 IT社会の進展と電子商取引

インターネットやパソコン、携帯電話の急速な普及は、これまでの通信販売の概念をも大きく変えています。ネット通販と呼ばれる企業の消費者向け電子商取引（B to C EC）の市場規模は、2008年には6兆890億円で、取引全体に電子商取引が占める割合であるEC化率も1.8％に達しています。コンビニの市場規模が約6兆円であることを考えると、電子商取引は私たちの生活にとって欠かせない取引手段になっていることが理解できます。「ネットオークション」、「アフィリエイト」、「ドロップシッピング」と電子商取引に消費者がかかわる形態も多様になってきました。

2 通信販売の規制と特定商取引法

特定商取引法（以下、特商法）は、訪問販売法として制定された1976年当初から通信販売をその規制対象としていました。通信販売とは「郵便その他の経済産業省令で定める方法」で申込みをして、商品等を販売する取引のことを言います（特商法2条2項）。省令で定める方法には郵便や電話などに加えて「通信機器または情報処理の用に供する機器を利用する方法」と規定されていて（省令2条）、いわゆる電子商取引も特商法の規制を受けることが明確にされています。

通信販売は、非対面取引で、契約当事者が直接に会うことがありません。また、販売の対象となる商品も実際に手に取ってみることができず、広告やカタログなどに記載された商品の写真や情報で判断するしかありません。したがって、広告などに商品や販売業者の情報が適切に表示される必要があります。特商法は、通信販売業者が販売条件を表示する広告やカタログに記載すべき事項を規定しています。販売価格や支払い方法、引渡時期のほか、通信販売業者の名称や住所、電話番号など連絡先に加え、返品期間の有無やその期間を記載しなければなりません（特商法11条）。特商法の6種類の規制対象取引のうち、唯一、通信販売にはクーリング・オフが規定されていません。消費者は、広告やカタログをじっくり検討して注文できるわけですから、他の取引のような不意打ち性がないというのがその理由です。もっとも、どんなに表示が適切にされていても、現物を見てみないと商品の特性がわからないことがあります。そこで、返品制度の有無とその期間が広告の法定記載事項とされたのです。返品特約が広告に記載されていない場合には、従来は通達（2001年5月31日）で「消費者が返品可能と信じていた場合には、返品の要請に適切に応ずるべき」とされていました。しかしながら、2009年12月1日施行の特商法では、返品が不可と記載されていない場合には、商品の

→1 経済産業省『電子商取引レポート2009』（2010年3月12日）。

→2 アフィリエイト　自らのブログやホームページに商品に関する評価などの情報を記載するとともに、その商品の販売業者のサイトにリンクを貼るという一種の広告手段のこと。2007年のアフィリエイトの市場規模は5500億円を超えているとされており、単なる口コミ情報の域をはるかに超える段階に至っています。

→3 ドロップシッピング　ネット上の店舗で注文を受けた商品などを、メーカーや卸売業者から直接配送させる電子商取引の一形態。在庫を持たずに営業できるなどの利点が強調されますが、商品に直接関与できないなどの問題があります。また、「簡単に高額な収入が可能」などと銘打って、ネット店舗開設のための費用や登録料をだましとるなどの問題も生じており、国民生活センターによる注意喚起（http://www.kokusen.go.jp/pdf/n-20091104_3.pdf）や訴訟にもなっています。

→4 電子商取引と民法の関連については、経済産業省「電子商取引及び情報財取引等に関する準則」（平成20年10月8日、通常「準則」と呼ばれます）が参考になります。なお、原文は経済産業省のホームページから入手することができます。

引渡を受けた日から8日間は返品が可能と規定されました(特商法15条の2)。もっとも、8日間という日数も、「申込みの撤回又はその売買契約の解除」との条文上の表現も、クーリング・オフと同じで、消費者からするとややわかりにくいとの印象が拭えません。期間についても8日間はやや短いとの印象を受けます。その他、誇大広告の禁止(特商法12条)、前払い式通信販売の場合の承諾書の交付義務(特商法13条)などが特商法には規定されています。

　特商法の通信販売に関する規制の中で、とりわけ電子商取引との関係で重要なのが、「顧客の意に反して申込みをさせる行為の禁止」(特商法14条)です。ネット通販では、パソコンや携帯電話の画面表示を見て、画面上のボタンをクリックすることで、契約を申し込むことになります。ところが、料金に関する表示があいまいな段階で申込みボタンがあったり、あたかも試用が可能なような表現の近くに申込みボタンが置かれているなど、消費者が誤認をして申込みをしてしまいかねない不誠実な画面表示もあります。こうした不誠実な画面表示が禁止されているのです。また、仮に消費者が誤認をしたり、クリックミスをするなど操作ミスをして申込みをした場合にも、後に申込み内容を確認して、訂正できる画面の表示を義務付けています。この規制について、経済産業省は「インターネット通販における『意に反して契約の申込みをさせようとする行為』に係るガイドライン」(2001年10月23日)を公表して、その具体的な画面例も示しています。これに反した場合には、行政処分の対象となります(特商法15条)。なお、誤認をして申込みをした消費者は、その契約を錯誤によって無効(民法95条)とすることが考えられます。電子消費者契約及び電子承諾通知に関する民法の特例に関する法律は、確認画面が提供されていない場合には、錯誤について重過失(民法95条但書)の制限を受けないと規定しています(電子消費者契約法3条)。例えば、1個だけを注文するつもりがクリックミスで10個としてしまった場合を考えてみてくだ

● 消費者向け電子商取引の市場規模の推移

(億円)
- 2000: 4,460
- 01: 8,110
- 02: 14,980
- 03: 29,090
- 04: 39,380
- 05: 34,560
- 06: 43,910
- 07: 53,440

その他／サービス／商品

(注1) 経済産業省ほか「電子商取引に関する実態・市場規模調査」及び「電子商取引に関する市場調査」により内閣府において集計。
(注2) 2000から2004年度は商品別、2005から2007年度は業種別に調査したもの。母集団はそれぞれ異なる。
(注3) 2000から2004年度は、総額から自動車・不動産を除外して集計。2005年度調査から、取引成立前段階の見積り金額に基づくもの(不動産や自動車など)を積算から除外している。
(注4) 「サービス」は、2000から2004年度については旅行、エンターテイメント、金融、各種サービスを、2005から2007年度については宿泊・旅行、飲食、娯楽、情報通信業、運輸業、金融業を集計したもの。
(出所) 内閣府『平成20年版　国民生活白書』

● PIO-NETに寄せられた相談件数の推移

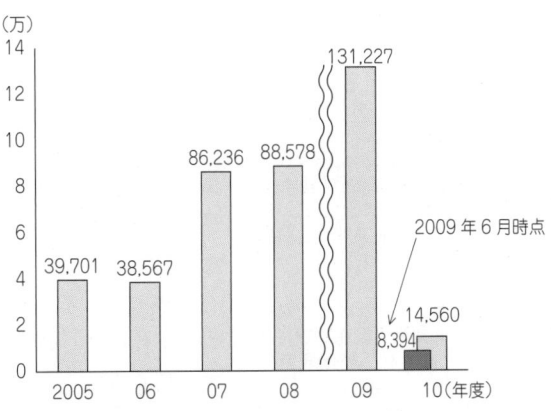

(万)
- 2005: 39,701
- 06: 38,567
- 07: 86,236
- 08: 88,578
- 09: 131,227
- 10: 14,560（2009年6月時点 8,394）

(注1) 相談件数は2010年6月8日現在。
(注2) 2009年度より集計方法を「インターネットショッピング」から「インターネット通販」に変更している。
(注3) 2008年度以前と2009年度以降での時系列の比較はできない。
(注4) 2008年度まではインターネットオークションを用いた取引も含まれている。
(出所) 国民生活センターホームページ

さい。これが錯誤による申込みであることは間違いありませんが、クリックミスが消費者の重過失と認定される可能性がありました。こうした場合にも、事業者が確認画面を提供して消費者に確認、訂正する機会を与えていない以上、当該契約を錯誤で無効とすることが可能だとされているのです。

特商法は、承諾をしていない者に対して電子メールで広告を提供することも禁止しています（特商法12条の3・12条の4）。いわゆる「オプトイン規制」です。迷惑メールあるいはスパムメールと呼ばれている電子メール広告は、ネットのトラフィックの阻害要因にまでなっていました。当初は件名に「※未承諾広告※」と表示をすれば、消費者から拒否されない限り送付することが可能でした。いわゆる「オプトアウト規制」ですが、それでは増え続ける迷惑メールを効果的に規制することは不可能でした。また、電子メール広告の送信を希望しないことの連絡方法を容易に認識できる表示も必要です。その基準を示すために、経済産業省は「電子メール広告をすることの承諾・請求の取得等に係る『容易に認識できるよう表示していないこと』に係るガイドライン」（平成20年12月1日）を公表しています。この電子メール広告の規制は、2008年12月1日から施行されています。

3　ネットオークションをめぐる法の対応

電子商取引のもう1つの形態が、いわゆるネットオークション取引です。これは、不要になった商品などをオークションサイトに出品して、それを必要とする消費者が購入をするという取引で、そのための場を例えばYahooや楽天などの大手ショッピングモールを運営する事業者やビッダーズなどのオークション専門事業者が提供をしています。消費者が出品した商品を消費者が購入するという意味で、C to C ECと表現されることもあります。

業として行われているB to C ECとは異なり、C to C ECには、特商法の訪問販売に関する規制が適用されません。ネットオークションは、実際には運営主体による「オークション利用規定」に基づいて、基本的には「ノークレーム」原則で運営されてきました。もっとも、オークションは匿名性が高い取引です。落札したにもかかわらず商品が送付されてこないとか、いわゆる次点詐欺といったトラブルは決して少なくありません。匿名性ゆえにトラブルに巻き込まれても、オークション運営会社からは出品者の住所などが提供されず、連絡先すら確認できないこともあります。オークションサイトを運営する事業者の中には、独自に補償規定を設けているところもありますが、その補償範囲は様々な被害を救済するまでには広がっていません。

わが国の大手ショッピングモールが運営するオークションサイトにおいて、落札をした商品の交付を受けられなかった被害者が運営会社を相手に損害賠償を求めた事件があります（名古屋地裁平成20年3月28日判決　判例時報2029号89頁）。この事件の被害者は合計780名に達しています。名古屋地裁は、運営会社には欠陥のないシステムを提供すべき法律上の義務はないとして、損害賠償責任を否定しました。もっとも、裁判所は、「オークション利用規定」に記載されていた運営会社の免責条項をそのまま適用していません。技術的な発展や法改正の動向次第では、運営会社の責任が肯定される余地はあるのですが、現段階では運営会社に義務違反はないと判断したわけです。この判断は、控訴審（名古屋高裁平成20年11月11日判決）でも維持されています。

➡5　**オプトイン**（opt-in）とは、消費者の事前の承諾がなければある行為をすることが禁止される規制方法。一方、**オプトアウト**（opt-out）とは、消費者が事後に不同意の意思表示をした場合に、当該行為をすることを禁止するとの規制方法。消費者の意思に、行為の合法性をゆだねるこうした考え方は、迷惑メールの送付の規制だけでなく、広く消費者取引の法規制の手法としても注目されています。

➡6　**次点詐欺**　ネットオークションで入札できなかったのであきらめていたところ、出品者らしき人から「落札者が辞退したので、次点だったあなたに購入してほしい」との連絡が電子メールなどでなされます。指定された銀行口座に代金を振り込んだにもかかわらず、その後、商品は送られてこず、出品者らしき人にも連絡がとれないという被害のこと。

➡7　オークションサイトで購入した宝石が事業者の倒産で交付されなかった被害を、補償規定によって救済した事件として「Diu事件」があります。詳しくは、「情報ネットワークと消費者保護の課題」情報ネットワーク・ローレビュー9巻1号132頁。

➡8　この判決を詳しく検討するものとして、藤原宏高「インターネットオークションに関する法的考察—オークションサイト運営者の利用者に対する注意義務」NBL883号26頁。

経済産業省は、2005年8月10日の通達改正で、オークションに出品している者が事業者である場合には、特商法の通信販売に関する広告規制（特商法11条）が適用されることを明らかにするとともに、「インターネット・オークションにおける「販売業者」に係るガイドライン」[9]（2006年1月30日）を制定して、その基準を明確化しています。まずは、消費者であるかのように装って出品をしている隠れ事業者に法的な規制を及ぼすことで、オークションの健全化を図ろうとするわけです。いずれにせよ、ネットオークションについての法律の整備はこれからの課題です。当面は、相手方の信頼性を判断するのは、あくまでオークションの参加者であることが基本であることを忘れないで、取引の条件や金額的限界などを判断することが必要です。

4 IT社会と消費者

現実の取引社会とは異なり、ネットの中の販売業者の信頼性をそのホームページの出来の良さから判断することは困難です。きちんと特商法が遵守されているかを確認することも大切ですが、パソコンや携帯電話の画面で、表示事項をすべて確認するのも実際には面倒なことです。ネットオークションでは出品者の信頼性が、過去に取引をした者の書き込みの形で記載されていることもあります。もっとも、その記載の真偽もはっきりしません。

結局、そこで頼りになるのは、消費者としてのバランス感覚です。ネットの中にあふれる情報の中から怪しげなものをきちんと見分けることができる感覚が何よりも大切なのです。書籍等のネット通販で著名な会社では、翌日配達を実現するために、常時200人のアルバイトが1分に3冊のノルマで50万冊の書籍から注文を受けた本を探しているそうです[10]。もっとも先端的のようにみえる取引においても、結局は人に依存した仕組みが動いていることを忘れてはならないのです。

➡9 例えば、①過去1カ月に200点、一時点で100点以上の商品を出品（この基準は商品によっては異なる基準が示されています。例えば、CD・DVD・PCソフトは同一商品を同時期に3点以上、ブランド品、チケット類などは同時期に20点以上など）、②落札額が過去1カ月で100万円以上、1年間で1000万円以上である場合などが、販売業者に該当する可能性があるとされています。もちろん、これはガイドラインのひとつの基準ですので、これを下回っているから消費者であると解されるわけではありません。

➡10 横田増生『アマゾン・ドット・コムの光と影』（情報センター出版局、2005年）。

●アフィリエイトの仕組み

●ドロップシッピングの仕組み

①相談者がメーカー・卸売業者や仲介業者と提携契約を結び、商品広告をアフィリエイトサイトに掲載
②アフィリエイトサイトの閲覧者が広告をクリックして、メーカー・卸売業者のサイトへ移り、商品を購入
③メーカー・卸売業者から、サイト閲覧者へ商品を発送
④メーカー・卸売業者または仲介業者がアフィリエイトサイト（相談者）に報酬を支払う

①相談者が仲介業者やメーカー・卸売業者と提携契約を結び、販売したい商品をドロップシッピングサイトに掲載
②ドロップシッピングサイトの閲覧者が商品を購入
③ドロップシッピングサイト（相談者）から、メーカー・卸売業者または仲介業者へ商品を発注
④メーカー・卸売業者からサイト閲覧者へ商品を発送

（出所）国民生活センター「アフィリエイトやドロップシッピングに関する相談が急増」2009年11月4日

12 もうけ話にはたいてい裏がある?
▶マルチ商法とネズミ講

1 消費者被害としてのマルチ商法、ネズミ講

　長い間連絡もなかった友人に久しぶりに会ったところ、「もうけ話があるから話を聞いてくれないか」とか、「いいアルバイトがあるけど、いっしょに頑張ってみないか」とか言われたら、くれぐれも用心してください。たいていの場合、それはネットワークビジネスという別名を語るマルチ商法であることが多いからです。マルチ商法とは、商品などを購入して加入した者が、自分の下位に複数の会員を入会させることによって、自らが拠出した以上の利益を得るという仕組みのことを言います。多重階層の販売組織がピラミッド型に広がるので、ピラミッド型取引とも言われます。これが商品等の介在しない単純な金銭配当組織であれば、それはネズミ講です。

　もっとも、いかなる形態であっても、人を勧誘する利益が商品等を販売する利益よりも大きければ、その仕組みは遠からず限界がやってきます。仮に、ひとりの加入者が自分の下位に3人を勧誘することになるとすれば、15層目には1500万人近い人が関与していることになります。2人ずつの勧誘だとしても、25層目には1億7000万人に達します。この数字が実現可能な数字ではないことは、だれでも理解できると思います。

　だれが考えても破綻必至と思われるネズミ講やマルチ商法なのですが、取り扱う商品や説明の方法を変えて、数年ごとにキャンパスや地域社会に侵入してきます。そもそもの発端は、1960年代の「天下一家の会[1]」でした。その後、70年代には「APOジャパン」とか「ホリディマジック」といったアメリカからのマルチ商法が社会を席巻しました。マルチ商法やネズミ講で被害を被るのは、結局は、末端の会員です。末端の会員であっても、当初は必死になって会員を募っているわけですから、一歩間違えば、被害者が加害者になってしまうという悲喜劇がこの商法には組み込まれています。マルチ商法やネズミ講は、被害者も利益を求めた事業性があるから、消費者被害ではないとする主張があります。しかし、この取引は、人のつながりを利用して、誤解を招く説明で加入させることが通例であるとともに、多数の被害者の上の少数の利益を貪る者がいます。そして、被害者には、経済的な被害だけでなく、親しい人相互の信頼関係を破壊するという最悪の結果が待っています。この取引はもっともたちの悪い消費者被害を生じさせるのです。

2 マルチ商法とはどのような取引なのか

● 連鎖販売取引とマルチ商法

　連鎖販売取引とは、特定商取引に関する法律(以下、特商法)によってマルチ商法を規制するために考えられた法概念です。特商法が訪問販売法とし

➡ 1 **天下一家の会** 1960年代の半ばに、内村健一が熊本市で設立しました。一定の金銭を支払って「天下一家の会」あるいは「第一相互経済研究所」の会員となり、その後、2名以上の会員を勧誘することで入会金を上回る配当を得ることができるとして、全国に広がりました。裁判では、契約の公序良俗違反が肯定され、入会金の返還が認容されています(長野地裁昭和52年3月3日判決 判例時報849号33頁)。その後、1978年に議員立法で、無限連鎖講防止法が制定され、ネズミ講は刑事罰をもって禁止されました。

て制定された1976年当初から、連鎖販売取引は、訪問販売、通信販売とならんで、その規制対象取引とされていました。

1970年前半期にわが国に広がったマルチ商法による被害に対応して、1974年12月には、通商産業省（当時）の産業構造審議会流通部会が「マルチ商法を実質的に禁止する厳しい規制を行うべき」との中間答申をまとめました。もっとも、フランチャイズのような適法な契約との区別が困難であるとして、罰則による全面禁止ではなく、取引条件の開示義務、不公正な勧誘方法の禁止、書面の交付義務、クーリング・オフ、契約解除の際の仕入商品の買取義務の5点の立法化が提案されていました。1976年の訪問販売法には、結果的には、商品買取義務を除いて、その他の提案が法として規定されました。契約解除の際の商品買取義務も2004年改正で、中途解約権として具体化しています。実質的にマルチを禁止する規制がすべて法に組み入れられているのです。その意味でも、「公正なマルチ」「健全なマルチ」はありえないのです。

もっとも、こうした法規制にもかかわらず、マルチ商法やネズミ講に関する相談は減ることがありません。例えば、マルチ商法・マルチまがい商法に関しては、年間2万件程度の相談が全国の消費生活センターに寄せられており、相談件数には大きな変化はありません。経済産業省が、2008年に特商法に違反する行為に対して行った行政処分37件のうち、8件が連鎖販売業者に対するものです。2009年11月に、消費者庁がはじめて行った行政処分は、ネット上の仮想空間でビジネスをする権利を購入するという連鎖販売業者「ビズインターナショナル」に対する6カ月間の業務停止命令でした。連鎖販売業の場合、会社でなく統括者に対しても行政処分が行われることがありますが、2005年以降に限っても、経済産業省と都道府県とをあわせると、31人の個人に対して処分がなされています。

➡2 通商産業省産業構造審議会流通部会「特殊販売の適正化について」中間答申（1974（昭和49）年12月16日）。

➡3 同趣旨の指摘として、竹内昭夫「マルチとネズミ講」『消費者保護法の理論』（有斐閣、1995年）289頁以下。同書に掲載された竹内教授の諸論文は、マルチ商法の規制についての研究をするうえでの必読文献です。訪問販売法の立法化にかかる経緯や議論についても、同書掲載の諸論文を参照してください。

➡4 ビズインターナショナル
インターネット上の仮想都市エクシングワールドの土地を所有する権利を得る目的で、ビズインターナショナルが販売するDVDなどを40万円余りで購入して会員（代理店）となるとともに、会員を増やすためとして新たに会員（代理店）を増やすことでボーナスが得られるとして、被害が拡大しました。2万6000人から合計約100億円を集めたとの報道もあります。しかしながら、仮想都市は現実のものになっていません。2009年11月27日には、特商法違反を理由に、6カ月間の業務停止命令が消費者庁から出されました。これは、消費者庁としてはじめての行政処分でした。各地で、入会金の返還を求める集団訴訟が提起されています。

⚠ 印鑑マルチの例

この「ジャパン・システム会」なる販売方法は次のようなものである。すなわち、まず入会金1000円を支払って会員となったうえでB会社の商品（当初は印鑑セット、後に呉服）を代金18万円で購入する。その後、同様な入会者を3名勧誘すると広告宣伝費の名目で5万円の還元金が受領でき、究極的には5代目の子孫に相当する363名から605万円（第2期目は120万円、第3期目は70万円）が受領できるというものである。なお、本件売買の対象である商品は仕入価格が1万8000円であり、通常の小売価格は5万円程度の物である。また、販売にあたっては、商品の品質等についての説明はほとんどなく、いかにすれば605万円の還元金を入手できるかの説明に終始した。

● マルチ商法還元金支払システム

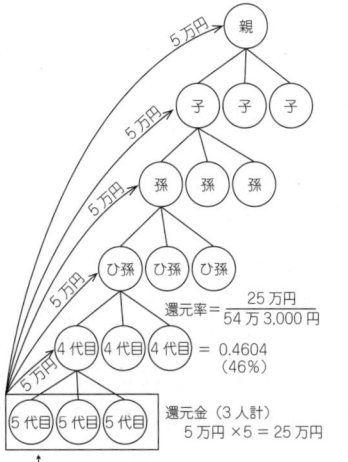

還元率＝$\frac{25万円}{54万3,000円}$ ＝ 0.4604 (46％)

還元金（3人計）
5万円×5＝25万円

↑
支出金(18万円＋1,000円＝18万1,000円)×3
(3人計)[印鑑代][入会費]
＝54万3,000円

● マルチ商法還元金例

代数	同世代人数	子孫累計	同世代還元金計	還元金累計
1代目	3人	3人	$\frac{3}{3}×5＝5$（万円）	5（万円）
2代目	9人	12人	$\frac{9}{3}×5＝15$（万円）	20（万円）
3代目	27人	39人	$\frac{27}{3}×5＝45$（万円）	65（万円）
4代目	81人	120人	$\frac{81}{3}×5＝135$（万円）	200（万円）
5代目	243人	363人	$\frac{243}{3}×5＝405$（万円）	605（万円）

還元金合計 $\frac{363}{3}×5＝605$万円

（出所）佐藤法律事務所編『〈福井〉印鑑ネズミ講とクレジット契約』9頁

●特定商取引法で規制される連鎖販売取引の定義

特商法が規制する連鎖販売取引とは、「商品の再売買、受託販売、販売のあっせんまたは同種役務の提供、役務提供のあっせんを行う者を(「取引類型」要件)、特定利益を収受し得ることをもって勧誘し(「特定利益」要件)、その加入者と特定負担を伴う取引を行うこと(「特定負担」要件)」とされています(特商法33条)。

マルチ商法に関する相談を受けると、相談者は、勧誘の際に必ずといってよいほど、「この取引は適法であり、決してマルチ商法やネズミ講ではない」とか「この取引はネットワークビジネスであって、マルチとは異なる」と説明されています。そして疑いながらもその説明を信じています。この誤解を解かなければ、法的な解決をいくら助言しても、相談者の理解や協力を得て、問題を解決することはできません。一方で、相談されている取引に特商法を適用するためには、その取引の実態をきちんと聞き取って、特商法の定義にあてはめる作業が不可欠です。

定義のキーワードは、特定利益と特定負担です。特定利益とは、「取引の相手方以外の組織の他の加盟者が提供する取引料その他の経済産業省令で定める要件に該当する利益の全部または一部」のことを言います(特商法33条1項、省令24条)。取引料とは、加盟料、保証金などいかなる名目であるかを問わず、取引をするあるいは取引条件を変更するに際し、提供される金品だとされており(特商法33条3項)、要は、「リクルート利益」のことです。連鎖販売取引を統括する会社から直接支払われる販売手数料なども、特定利益に該当します(省令24条3号)。マルチ商法が魅惑的に見えるのは、この特定利益の存在にあります。商品の販売や役務の提供によるものを超える利益が、リクルートによって簡単に提供されると思ってしまうのです。もっとも、商品や役務が販売されることでの剰余利益が生じなければ、リクルートに伴う特定利益のための金銭は生まれません。なお、新たな組織への勧誘を前提としない場合や会員になることで他人に商品などの販売が可能になるが、そこで得られる利益が小売利益にとどまる場合[5]には、それらは特定利益には該当しません。

一方、特定負担とは、連鎖販売取引に参加したり、昇格等をする際に、条件とされている「商品の購入もしくは役務の対価の支払いまたは取引料の提供」(33条1項)、つまりは金銭的負担のことをいいます。金額あるいはその支払時期や規定のあり方のいかんにかかわらず、取引に参加するについて金銭的負担が伴えば、それが特定負担に該当します[6]。

以上の定義を端的にまとめれば、「自らが組織に加入して、誰か他の者を組織に加入させると、そのことで商品等を販売して得ることによる利潤を超える利益を得ることができるとしてする金銭的負担を伴う取引」が特商法の規制する連鎖販売取引であるということになります。

●特定商取引法による連鎖販売取引の規制

(1) クーリング・オフ(特商法40条)

連鎖販売取引についての契約をした相手方は、法37条2項に規定される契約書面を受領した日から20日間は、書面によりクーリング・オフをすることができます。なお、再販売型のマルチの場合には、契約書面の受領日と商品を交付日の遅い方が起算日になります。

➡ 5 なお、小売利益のみを対象として会員の勧誘が行われる場合には連鎖販売取引には該当しないが、特商法が規制する業務提供誘引販売取引に該当する可能性があります。

➡ 6 経済産業省の通達では、「ノルマ、他の者のリクルート、研修などは該当しないが、再販売等をするために必要な物品を購入する場合などは特定負担。入会金、保証料、登録料、研修参加費用等の金銭負担が必要であれば、それは取引料であり特定負担に該当する」と記載されています。

(2) 取消権（特商法40条の3）

　勧誘の際に、統括者、勧誘者または一般連鎖販売業者が不実告知を行い、あるいは統括者または勧誘者が故意に事実を告知しなかった場合で、加入者が誤認をしたならば、連鎖販売にかかる契約を取り消すことができます（特商法40条の3）。この取消権は2004年の特商法改正によって新たに規定されました。

　連鎖販売取引に勧誘に際しては、業務やそれによる特定利益を得ることの容易さが強調されることが少なくありません。また、取引の性質を「マルチではない」とか「ネットワークビジネスで法で規制されていない」といったような事実とは異なる説明がなされます。これらは、取引の性質や特定利益について、事実とは異なる説明がなされているわけですから、不実告知として連鎖販売に関する契約を取り消すことができるのです。

　なお、その例外として、連鎖販売の統括者が勧誘の際に不実告知や事実の不告知がなされたことを知らなかったときには、加入者が契約を取り消すことができないと規定されています（特商法40条の3但書）。もっとも、通達においても、この場合には統括者の善意・無過失が必要であるとされています。配下の者の勧誘実態について事実を知らないこと自体が過失であると認定される可能性が高いことを考慮すれば、この但書が適用される場面はほとんどありません。

(3) 中途解約（特商法40条の2）

　2004年特商法改正で、クーリング・オフ期間経過後の連鎖販売取引の中途解約権とその際の清算規定が明示されました。連鎖販売に加入した消費者は、仮に不実告知などの取消権に該当する事実がなく、クーリング・オフ期間が経過しているとしても、商品を返還するなどして、契約を中途解約することができるのです。

● マルチ取引の特商法による中途解約ルール（特商法40条の2）

〈連鎖販売取引〉		〈商品販売契約〉		
中途解約権（1項）		解除権（2項）		
損害賠償の制限（3項）	規約の締結及び履行のために通常要する費用	損害賠償の制限（4項）	商品が返還商品引渡前	商品販売価格の1／10に相当する額
			商品が未返還	販売価格に相当する額
		統括者の連帯責任（5項）		

● マルチ取引に関する相談データ

　若者を中心に広く被害が及んでいることがわかります。

契約当事者（年齢）	受付年度					
	2004	2005	2006	2007	2008	2009
20歳未満	540	371	376	133	60	42
20歳代	8,062	8,250	7,674	7,058	4,937	3,695
30歳代	2,690	2,695	2,544	3,150	2,587	2,137
40歳代	2,271	2,319	2,434	3,015	2,458	2,176
50歳代	2,712	2,873	2,991	3,835	2,951	2,372
60歳代	1,815	2,106	2,255	3,224	2,858	2,513
70歳代以上	1,013	1,384	1,582	2,207	1,926	1,633
不明・無回答	966	1,671	1,438	1,685	1,341	1,173
合計	20,069	21,669	21,294	24,307	19,118	15,741

（出所）　国民生活センターホームページ

(4) 行為規制

　特商法は、連鎖販売取引につき、厳しい行為規制を課しています。これに違反する行為は、行政処分の対象となるとともに、罰則を科せられることもあります。

　○氏名、勧誘目的等の明示義務（34条2項）
　○統括者、勧誘者の不実告知、事実不告知の禁止（34条1項、省令24条の2）
　○一般連鎖販売業者の不実告知の禁止（34条2項）
　○不実告知、事実不告知の教唆の禁止（38条1項、省令31条3号）
　○威迫困惑行為の禁止（34条3項）
　○勧誘目的を隠匿して公衆の出入りしない場所に誘引しての勧誘の禁止（34条4項）
　○勧誘目的隠匿の禁止（34条4項）
　○広告の表示義務違反の禁止（35条）
　○誇大広告の禁止（36条）
　○希望しない者への電子メール広告の再送信の禁止（36条の3）
　○書面の交付義務（37条）
　○債務の履行遅延の禁止（38条1項1号）
　○利益についての断定的判断の提供の禁止（38条1項2号）
　○迷惑勧誘、解除妨害の禁止（38条1項3号、省令31条1号）
　○判断力不足への便乗の禁止（38条1項4号、省令31条6号）
　○適合性原則の遵守（38条1項4号、省令31条7号）
　○契約書虚偽記載教唆の禁止（38条1項4号、省令31条8号）

3　連鎖販売取引と無限連鎖講（ネズミ講）

　連鎖販売取引と類似する取引に無限連鎖講、いわゆるネズミ講があります。無限連鎖講は、1978（昭和53）年に議員立法で制定された「無限連鎖講の防止に関する法律」（以下、無限連鎖講防止法）によって、刑罰を付加して全面的に禁止されています。無限連鎖講とは、「2以上の倍率をもって増加する後続の加入者が支出する金銭から、自己の支出した額を上回る金銭を受領することを内容とする金銭配当組織」（無限連鎖講防止法2条）です。ピラミッド型の組織形態をとる点ではマルチ商法に類似していますが、単純な金銭配当組織であって、商品や役務がかかわらない点でマルチ商法とは異なると理解されています。

　無限連鎖講防止法が制定されるきっかけとなった天下一家の会によるネズミ講を公序良俗に反する無効な取引として、会員からの入会金の返還請求を認めた判決があります（長野地裁昭和52年3月30日判決 判例時報849号33頁）。その判決では、ネズミ講が公序良俗に反する根拠として、①破綻の必然性、②非生産的・射倖的要素、③詐欺的、誇大宣伝、④社会的悪影響、⑤入会金の不当性の5点があげられています。ネズミ講は天下一家の会の取引だけでなく、本質的にこれらの要素、とりわけ①から④の要素を有するがゆえに、法によって禁止されたのです。

　もっとも、ネズミ講が有する①から④の要素は、マルチ商法にも共通のものです。なるほど、商品の販売や役務の提供に重点が置かれる場合には、非生産的とは言えないかもしれません。もっとも、連鎖販売取引ではリクルー

➡ 7　最高裁昭和60年12月12日判決 最高裁判所刑事判例集（刑

トによる利益が強調されます。その限りで、非生産的で射倖的要素は否定できません。例えば、人工宝石の販売あっせん型マルチ商法を、商品販売に名を借りた金銭配当組織にほかならないとして、無限連鎖講防止法に基づいて主宰者の刑事責任を認めた最高裁判決があります。民事事件においても、印鑑セットを利用したマルチ商法について、通常の商品売買契約と連鎖式金銭配当契約が合体したものであるとして、後者の部分が公序良俗に反し無効であるとした判決があります。

ネズミ講とマルチ商法の区別は、形式的に商品や役務が介在しているかどうかだけで判断できるものではありません。取引の実態や加入者の意図などを考慮して、判断することが必要です。少なくとも、マルチ商法の金銭的利益の配分がネズミ講に該当する方式でなされている場合には、その取引は無限連鎖講防止法で禁止されたネズミ講としての性質を有していると考えるべきです。その意味では、マルチ商法も金銭配当組織としての実態を有する場合には、法によって禁止されている取引にほかならないのです。

4 おわりに

竹内昭夫教授は、1986年に著書の中で「マルチの勧誘を適法に行うことは実際問題として不可能である」と書いています。2004年の特商法改正は、それをより現実的なものにしました。特商法が連鎖販売取引を認めているというのは誤解です。要は、法的には実質的に禁止することによって、その権限行使をマルチ商法の被害者に求めていると考えられるのです。マルチ商法に欺された被害者に主体的権利行使を求めることは、少しきつい授業料なのかもしれません。しかし、自らまいた種を刈り取る責任を果たしてほしいと思います。竹内教授の意図を実現できるかは、行政処分や民事上の取消権など、特商法を積極的に活用できるか否かにかかっているのです。

➡7 集)39巻8号547頁、判例時報1282号156頁。この判決を解説するものとして、岩瀬徹「無限連鎖講防止に関する法律2条にいう『無限連鎖講』にあたるとされた事例」法曹時報40巻5号823頁。長井圓「販売斡旋型マルチ商法とネズミ講」消費者取引判例百選108頁。

➡8 名古屋高裁金沢支部昭和62年8月31日判決 判例時報1254号76頁。本判決を解説するものとして、植木哲「ネズミ講方式の商品販売と立替金の支払義務」消費者取引判例百選106頁、植木哲=坂東俊矢「判例評論」判例時報1276号(判例評論354号28頁)174頁。なお、本判決では、マルチ商法で販売された印鑑セットの売買契約については有効であるとして、いわゆる一部無効という判断をしています。

もっとも、ネズミ講的な金銭配当組織を組み込んだマルチ商法の場合には、商品や役務提供はリクルート利益を得るための前提にすぎないものであって、それらの効力を別個に取り扱うことは妥当ではありません。なお、ベルギーダイヤモンドの商法をネズミ講にあたるとした判決として、大阪高裁平成5年6月29日判決 判例時報1475号77頁があります。

➡9 竹内昭夫『特殊販売規制法 訪問販売・通信販売・マルチ販売』(商事法務研究会、1986年)108頁。

● 特定商取引に関する法律の規制対象とその内容

	適用対象取引		行政規制			民事ルール		
	定義	指定商品制	勧誘規制	広告規制	書面交付義務	クーリング・オフ	賠償額の制限	取消し権
訪問販売	2条1項	指定権利	3・3条の2・6・7条	なし	4・5条	8日間(9条)	10条	9条の2
通信販売	2条2項	指定権利	14条	11・12条	13条	なし(但、返品条項、15条の2)	なし	なし
電話勧誘販売	2条3項	指定権利	16・17・21・22条	なし	18・19・20条	8日間(24条)	25条	24条の2
連鎖販売取引	33条	なし	33条の2・34・36条の3・38条	35・36条	37条	20日間(40条)	40条の2(中途解約権)	40条の3
特定継続的役務提供	41条	6業種	44・46条	43条	42条	8日間(48条)	49条(中途解約権)	49条の2
業務提供誘引販売取引	51条	なし	51条の2・52条・54条の3・55条・56条	53・54条	55条	20日間(58条)	58条の3	58条の2

特定商取引法は、6種類の規制対象取引について、勧誘規制などの行政規制とクーリング・オフを典型とする民事規定とを広く定めています。また、それぞれの取引は、法や政省令によって厳格に定義されています。なお、これ以外にネガティブオプションと言われるいわゆる「送りつけ商法」に関しても規定されています(特商法59条)。

13 便利だけど危ないクレジットを知る
▶割賦販売法の消費者保護とその課題

1 クレジットの現状とその問題点

　商品を買うには、その代金を支払う必要があります。でも、お金がその時になくても、商品を購入することができる仕組みがあります。クレジットとか、消費者信用とか言われる仕組みです。

　消費者信用（クレジット）には、商品などを購入するための販売信用と金銭を借り入れる消費者金融があります。その双方の手段で、わが国では、年間でほぼ75兆円の信用が消費者に供与されています。この金額は、家計可処分所得の4分の1を超え、金額的にはほぼ1年間の国の予算に匹敵します。私たちの生活に、消費者信用（クレジット）は不可欠のものになっていると言ってもいいのかもしれません。

　もっとも、その便利なクレジットが悪質な取引を助長しているとの指摘がなされています。2002年4月24日に国民生活センターが公表した「特別調査　個品割賦購入あっせん契約におけるクレジット会社の加盟店管理問題」と題する報告書は、「クレジット会社は、販売業者と契約（加盟店契約）をして消費者にクレジットを提供するが、相手が問題商法の業者であっても契約していて、それが既述の消費者被害を発生させているのではないかと推測される。クレジット会社が問題商法の業者を裏で支えているのではないか、という疑念である」という文章で始まっています。この調査がなされた2000年度のデータでは、消費生活相談がなされた事案についての商品・サービスの平均契約金額は120万円を超えており、その34％が代金支払いにクレジットを利用していました。こうした傾向は、現在でも変わりません。報告書は続けて、「問題商法の業者は、現金では購入できない高額な商品や役務を『クレジットを利用させて』購入させる」。「もしクレジットが利用できなければ契約しなかった（できなかった）かもしれない、つまり、被害に遭わずにすんだかもしれないのである」。報告書は、クレジット会社に対して、そのクレジットを利用することができる加盟店を調査して、消費者被害を発生させるような悪質な加盟店を排除するよう調査、管理することを求めていました。[1]

　たしかに平均100万円を超える消費者被害が多発する背景には、代金を直ちに現金で支払う必要がないことがあります。また、消費者が販売業者を信頼するひとつの要素として、著名なクレジット会社から与信を受けることができることが影響していることもあるでしょう。その意味では、消費者信用と表現されるクレジットですが、販売会社に対して信用を付与するとの側面を有しています。

---

[1] 2008年の割賦販売法改正（2009年12月1日全面施行）で、個品信用購入あっせん業者に対して、特定商取引法で定める訪問販売等5類型の取引に関して与信をする場合には、加盟店の販売方法等について調査監督する義務が法定されました（割販法35条の3の5）。また、不適正な勧誘行為に対する与信も禁止されています（割販法35条の3の7）。これらに違反する場合には、行政処分が課せられます（割販法35条の3の21）。

　これまでも、監督官庁である経済産業省から加盟店の調査や管理を求める通達が数次にわたって出されていましたが、法的な拘束力のない通達ではその目的を達成することができていませんでした。

2 割賦販売法の規制対象となるクレジット契約

● 割賦販売法の目的と改正経緯

わが国で消費者信用を対象とする法律は、割賦販売法です。この法律は、もともとはクレジット産業の健全な育成を主たる目的として、1961年に制定されました。割賦販売法にクーリング・オフが規定されたのは1972年。同時に、目的規定（1条）に、「購入者等の利益保護」が追加されています。その後、割賦販売法は数次にわたって改正が行われています。抗弁権の対抗（同法30条の4・30条の5）が規定された1984年改正はとても重要です。また、特定商取引法に改正とあわせて実施された2008年改正は、2009年12月1日に全面施行されました。この改正も割賦販売法の性格とその規制内容を大きく変える重要な改正です。

● 割賦販売法の適用対象となるクレジット

まず注意すべきは、割賦販売法がすべての消費者信用（クレジット）取引を規制しているわけではないことです。割賦販売法は、具体的には、割賦販売、ローン提携販売、信用購入あっせんの3類型の契約を対象としています。割賦販売と信用購入あっせんには包括式と個別式があります。包括式とは、カードなどを使って限度額の範囲で与信契約を締結するもの。個別式は、ある商品に対してその都度、与信契約が締結されるものをいいます。また、それぞれに割賦要件と対象となる商品の範囲等が定められています。

2008年改正で、従来は割賦購入あっせんと定義されていた取引が信用購入あっせんと名称を変えるとともに、割賦要件と指定商品制が見直されました。その結果、商品や役務、指定権利を購入し、その対価に相当する額を2カ月を超える期間経過後に返済する取引が規制の対象となりました。個別信

● 日本の消費者信用統計

（単位：億円）

		2004年		2005年		2006年		2007年		2008年	
消費者信用供与額		741,417		765,056		753,439		759,850		744,468	
販売信用	割賦方式	401,945	104,133	430,347	102,148	449,856	102,148	478,358	94,197	506,955	89,455
	非割賦方式		297,812		347,708		347,708		384,161		417,500
消費者金融		339,472		334,709		305,854		281,432		237,513	

（出所）日本クレジット協会『日本の消費者信用統計』から作成

● 割賦販売法が規制するクレジット取引の類型

取引名称			条文	定義（割賦要件）	指定商品制
個別・包括	割賦	割賦販売	2条1項1号	2カ月以上の期間で3回以上に分割して返済	指定商品・指定役務及び指定権利
包括	リボ		2条1項2号		
包括	割賦	ローン提携販売	2条2項1号		
包括	リボ		2条2項2号		
包括	後払	信用購入あっせん	2条3項1号	2カ月を超える期間に返済	商品・役務及び指定権利
包括	リボ		2条3項2号		
個別	後払		2条4項		

● クレジット取引に対する割賦販売法の適用

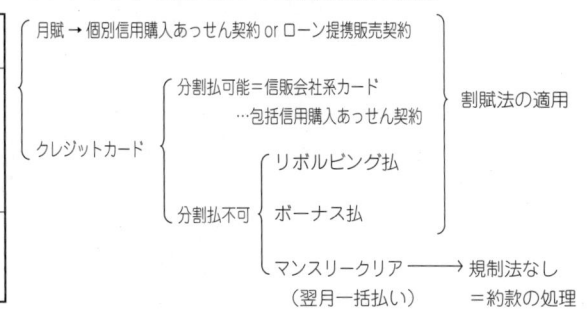

月賦 → 個別信用購入あっせん契約 or ローン提携販売契約

クレジットカード
- 分割払可能＝信販会社系カード
  …包括信用購入あっせん契約 } 割賦法の適用
- リボルビング払
- ボーナス払
- 分割払不可
- マンスリークリア ── → 規制法なし
  （翌月一括払い） ＝約款の処理

用購入あっせんに関しては、適正与信義務（35条の3の5）や不実告知等を理由とする取消権（35条の3の13～16）など、幅広く規制が強化されています。これは、高齢者の次々販売などの悪質な消費者被害の代金決済手段として、個別信用購入あっせんが利用されていたからにほかなりません。

　一方、クレジットカードによる商品等を購入する取引は包括信用あっせんに該当しますから、カード会社に対する支払いが分割払いである場合だけでなく、ボーナス払いである場合にも割賦販売法が適用されることになりました。もっとも、割賦販売法の適用があっても、過量販売解除権や不実告知等を理由とする取消権は規定されていません。また、クレジットカードによる返済方法はマンスリークリアと言われる「翌月一括払い」が通例です。この支払方法だとクレジットカードによる取引は、そもそも割賦販売法の適用を受けません。2009年3月末のクレジットカード発行枚数は3億1783万枚。販売信用のかなりの部分がクレジットカードによるものであることが推測できます。決済代行業という仕組みを使って、クレジットカードが例えば、出会い系サイトやモニター商法などの悪質事業者との決済に利用されているとの指摘もあります。[2] 消費者信用に占めるクレジットカードの重要性を鑑みれば、返済方法のいかんにかかわらず、割賦販売法（その名称の検討が不可欠になりますが）の適用あるいは消費者のする決済についての法規制の立法化を検討することが今後の重要な課題になっています。[3]

3　割賦販売法と抗弁権の対抗

● 問題の所在

　割賦販売法の規制で最も重要なものが、1984年改正によって規定された「抗弁権の対抗」（現行法では、29条の4、30条の4・5、35条の3の19）です。

　二者間契約である割賦販売では、仮に購入した商品や役務に問題があった場合、消費者はその代金を支払う必要がありません。ところが、信用購入あっせんの場合、賦払金はクレジット会社に支払うのであって、商品や役務の購入先とは異なっています。消費者は、販売業者と売買契約等を、クレジット会社とはクレジット契約を同時に締結していることになります。例えば、販売業者から消費者に商品が交付されない（債務不履行）ため売買契約が解除されたとか、販売業者の詐欺的な勧誘で締結された契約が取り消されたとします。いずれにせよ、消費者と販売業者の間の契約は遡及的に効力がなくなります。しかしながら、販売業者との間の契約がなくなっても、代金相当額を支払う根拠となるクレジット契約が自動的に消滅するわけではありません。あくまで、契約上の権利義務は、契約の当事者間で生ずるものだからです（契約の相対効とも言います）。クレジット会社からしても、すでに消費者の依頼に基づいて、代金相当額を販売業者に立て替えて支払っているわけです。消費者と販売店がいくらもめていようと、立て替えて払った金銭の返還を求めることは当たり前かもしれません。ただ、消費者からすると、悪質商法で契約をさせられても、商品の交付がなくても、代金だけは支払えということになります。これが、消費者の理解に適う結論であるはずがありません。しかも、クレジット契約を締結する手続きは、その大部分が販売業者によってなされています。

---

[2] 国民生活センター「決済代行会社から請求される出会い系サイト利用料金（消費者からの相談事例）」(http://www.kokusen.go.jp/jirei/data/200405.html)。

[3] 近畿弁護士連合会は、2009年11月27日に開催したシンポジウムで、翌月一括払いを含めたクレジットカードにも割賦販売法の規制を及ぼす必要あるいは、決済代行業者に登録制を導入するなどの法改正について提言しています。詳しくは、近畿弁護士会連合会「クレジットカード取引に関する立法提言―2008年割賦販売法改正を受けて」（2009年11月27日）。

● 抗弁権の対抗と既払金の返還請求

こうした問題に対応して1984年割賦販売法で規定されたのが、「抗弁権の対抗」でした。立法当初は、割賦購入あっせんを対象としていましたが、現在は、包括信用購入あっせん（割販法30条の4・30条の5）、個別信用購入あっせん（割販法35条の3の19）に規定され、またローン提携販売（割販法29条の4）にも準用されています。消費者は、販売業者との契約に関してなんらかの抗弁事由があれば、それをクレジット会社に対しても対抗することが可能となりました。

もっとも、消費者はクレジット会社に抗弁権を主張できるにすぎません。例えば、中古車や着物がクレジットで契約された場合、車検を通したり、仕立てをして、商品が消費者に渡されるまでには相当の期間が経過することがあります。その間に、数回の割賦金や頭金がすでに支払われているのです。契約が解除されたとしても、こうした既払金の返還を抗弁権を主張して消費者が求めることは困難でした。

2008年の割賦販売法改正で、個品割賦購入あっせんについて、販売契約等がクーリング・オフ（割販法35条の3の10・35条の3の11）、過量販売解除権（割販法35条の3の12）、不実告知による取消し（割販法35条の3の13～16）に該当する場合、クレジット契約もその効力がなくなると規定されました。その結果、クレジット契約に基づいて支払い済みの割賦金についても、不当利得として消費者が返還請求することが可能となっています。それ以外の場合にあっても、裁判例の中には、販売業者をクレジット契約の「媒介者」であるとして、消費者契約法5条に基づいて、販売業者がクレジット契約に関してした不実告知等を理由にその取り消しを認める判断も示されています。また、クレジット会社が加盟店調査義務を果たしていないことを根拠に損害賠償に既払金を含めて認容する裁判例もあります。→4

→4 一例として、ダンシング・モニター被害に関する静岡地裁浜松支部平成17年7月11日判決 判例時報1915号88頁。
最高裁は、平成2年判決で、「立替払契約と売買契約が経済的、実質的に密接な関係にあることは否定し得ないとしても、購入者が売買契約上生じている事由をもって当然にあっせん業者に対抗することはできないというべきであり、昭和59年の改正後の割賦販売法30条の4は、法が、購入者保護の観点から、対抗しうることを新たに認めたにすぎない」と判断しました（最高裁平成2年2月20日判決 判例時報354号76頁、判例タイムズ731号91頁）。抗弁権ですら創設的な権利であるとすれば、既払金の返還請求権はより法的には困難であると考えられることになります。この最高裁判断の克服が大きな課題になっていました。

● 割賦販売法の規制取引類型と主な規制内容

	定義	取引条件開示	適正与信義務	書面交付義務	クーリング・オフ	過量販売解除権	不実告知取消権	損害賠償制限	抗弁の対抗	開業規制
割賦販売	2条1項	3条	—	4条	—	—	—	6条	—	—
ローン提携販売	2条2項	29条の2	—	29条の3	—	—	—	—	29条の4	—
包括信用購入あっせん	2条3項	30条	—	30条の2の3	—	—	—	30条の3	30条の4、5	31条
個別信用購入あっせん	2条4項	35条の3の2	35条の3の3、4	35条の3の8、9	35条の3の10、11	35条の3の12	35条の3の13～16	35条の3の18	35条の3の19	35条の3の23

● クレジットカード発行枚数とクレジットカード信用供与額の推移

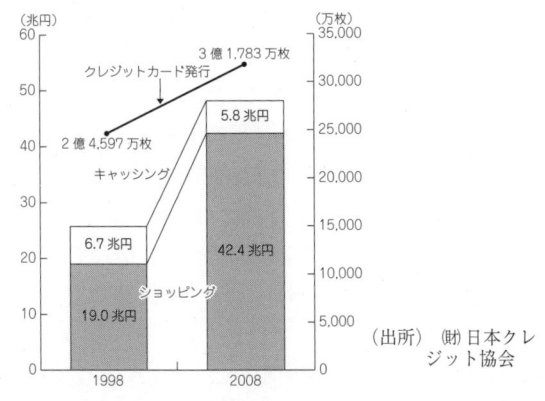

（出所）（財）日本クレジット協会

14 借りたお金の返し方を考える
▶多重債務問題と過払金返還請求

1 消費者金融による貸付の現実

電車に「1週間は利息が不要」との消費者金融の広告と、「借金問題解決」と書いた法律事務所の広告が並んでいます。

わが国で消費者金融から借入をしている人は1000万人を超え、そのうち約200万人に延滞情報が登録されているそうです。貸出残高は約12兆円に達しています。個人破産の件数は2004年の21万4638件をピークに徐々に減ってきてはいますが、破産予備軍とも言われる多重債務者は200万人を超えているとも言われています。2006年に国民生活センターが公表した「多重債務問題の現状と対応に関する研究調査」では、借入件数が5件未満の者はわずか17%、借入金額が300万円未満の者は28.7%にすぎません。また、収入の減少、低収入、借金返済がほぼ同じ20%で始まった借入が、返済が困難になったときには借金返済のための借入が50%を超え、借金のための借金、いわゆる「自転車操業」に陥っていることをはっきり見て取ることができます。多重債務の問題は、社会の貧困問題を反映した社会問題にほかならないのです。法的には、とりわけ消費者金融の高金利が問題となります。消費者金融は、いわゆる「グレーゾーン金利」という無効だけれど刑罰は科せられない金利帯での貸付を一貫して行っていました。

金利を規制する現行法は、利息制限法と出資法（出資の受入れ、預り金及び金利等の取締りに関する法律）、それに貸金業法の3種類あります。利息制限法は、高金利に関する民事法です。元本額に対応して、制限金利である年15〜20%を超える部分を無効とします。一方、出資法は高金利を刑事罰をもって規制する法律です。2006年12月20日の貸金業規制法の全面改正と同時に改正され、その改正法が2010年6月18日から施行されています。その結果、現在の刑罰金利は20%になりました。もっとも、出資法が制定された1954年には、刑罰金利は年利109.5%でした。それが、1983年改正以降、段階的に引き下げられて、1991年11月1日からは、40.004%に、1999年改正で2000年6月1日からは29.2%まで引き下げられていました。なお、貸金業法は年利109.5%を超える金利そのものを無効としています。最高裁は、ヤミ金に対する損害賠償請求訴訟において、元本相当額を損益相殺することを否定して、事実上、ヤミ金からの元本の返済請求を認めませんでした（最高裁平成20年6月10日判決 最高裁判所民事判例集（民集）62巻6号1488頁、消費者法判例百選110頁）。109.5%を超える利息を約定する契約は、契約そのものが無効であるだけでなく、元本ですら不法原因給付として返還請求できないのです。

消費者金融による多重債務問題が最初に社会問題になったのは、貸金業規

---

1 消費者金融の実態については、貸金業法制定に至る経緯等で金融庁から提示されていた資料が参考になります。金融庁の貸金業法に関するホームページを参考にしてください（http://www.fsa.go.jp/policy/kashikin/index.html）。

2 国民生活センター「多重債務問題の現状と対策に関する研究調査」（http://www.kokusen.go.jp/news/data/n-20060322_2.html）。

3 2006年12月20日、「貸金業の規制等に関する法律等の一部を改正する法律」が公布されました。この改正法により、「貸金業の規制等に関する法律（貸金業規制法）」が改正され、その名称も「貸金業法」と改められています。この改正法は、①貸金業の適正な監督、②過剰貸付の防止、③金利の適正化、④ヤミ金対策の強化、⑤多重債務対策の取り組みを含む幅広い内容を含むものでした。その全面施行は公布日から2年6カ月以内の政令で定める日とされていました。もっとも、その社会的影響が大きいとして消費者信用業界などを中心に全面施行に慎重な意見もありました。結果的には、2010年6月18日から改正法が全面施行されるに至っています。

4 ヤミ金 貸金業規制法で求められている金融庁や都道府県への登録をせずに、出資法の刑罰金利をはるかに超える高金利で小口の融資を行うとともに、その返済を脅迫的、暴力的な手段で行う金融業者のことを言います。実際に「トゴ（10日間で5割、年1825%）」といった金利によることもあって、この場合、元本を10万円だとすると金利だけで年180万円を超えてしまいます。もちろん、こうした金利が違法であることは言うまでもありません。

制法の立法が検討された1983（昭和58）年頃です。それまでは数千件にすぎなかった自己破産の件数が、一挙に2万件にまで増えています。当時の消費者金融のCMに「10万円借りて利息は1日コーヒー1杯」というものがありました。仮にコーヒー代を250円で計算すると、このキャッチコピーの年利は91.25％になります。当時の刑罰金利よりは下ですが、もちろん利息制限法を超えた無効な「グレーゾーン金利」、しかも相当の高金利です。この金利で10万円を借りて、元本と利息とを1年後に返済するとなると、請求される金額は23万円を超えます。現行法を例にとっても、100万円を借り入れて、月に2万5000円ずつ返済したとして、利率が年5％だとすると総返済額は約110万円で支払期間3年9カ月、制限利息の15％だとしても約139万円で4年8カ月間の返済になります。一方、刑罰金利の29.2％になると、総支払額は約377万円、支払期間は12年7カ月に達します。金利の高低が数字の印象以上に、生活設計に大きな影響を与えることを理解してもらえると思います。

➡5 1日コーヒー1杯250円ということは、日賦が25銭ということになります。とすれば、それに365日を乗じた数字（0.25円×365＝91.25）が年利になります。金利に関する表示からくるイメージと実際の負担との間に相当な乖離があることを実感していただけるでしょうか。

2 高金利の規制をめぐる法とその判例理論

このグレーゾーンの金利が返済されたならば、まずは、制限金利を超える無効な金利に相当する弁済が元本を返済したものとして充当されます（最高裁大法廷昭和39年11月18日判決 民集18巻9号1868頁）。そして、充当の結果、計算上、元本が完済された以降は、その後の弁済（過払い金）が不当利得（民法703条）あるいは非債弁済（民法705条）として、返還請求の対象になります（最高裁大法廷昭和43年11月13日判決 民集22巻12号2526頁）。もっとも、昭和58年に貸金業者への行政規制を目的に立法された貸金業の規制等に関する法律（貸金業規制法。その後、2008年改正で「貸金業法」と名称変更されるとともに、その規定も大きく変更されています）には、この最高裁判例理論とは異

● 出資法の「刑罰金利」の推移

年率（％）	適用期間	改正年
109.5	昭和29年～昭和58年10月30日	
73	昭和59年11月1日～昭和61年10月31日	
54.75	昭和61年11月1日～平成3年10月31日	昭和58年
40.004	平成3年11月1日～平成12年5月31日	
29.2	平成12年6月1日～平成22年6月17日	平成11年
20	平成22年6月18日～	平成18年

● 出資法の上限金利の引下げ

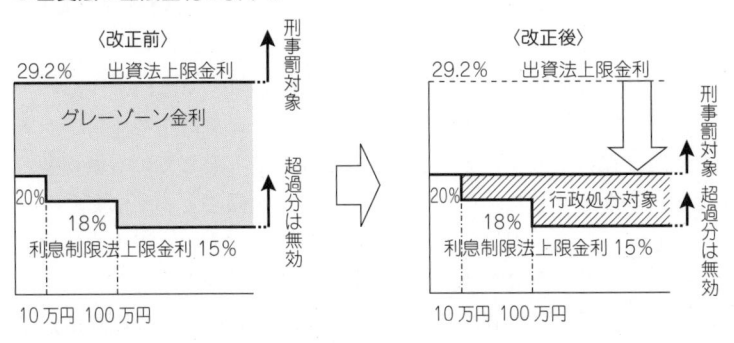

2010年6月18日、貸金業法が全面施行されました。金融庁は、ポスターやリーフレットを作成して、その政府広報を行っています。

貸金業法が大きく変わりました！あなたは大丈夫ですか？

（出所）金融庁ホームページ

なる条項が規定されました。貸金業規制法43条は、債務者が任意にこのグレーゾーンの金利を返済した場合、有効な利息の弁済とみなすと規定していました。最高裁判例は、グレーゾーン金利をあくまで無効であるとの前提に成り立っています。それを法律で「有効な金利の弁済」としたわけです。

貸金業規制法43条が適用されるためには、契約とそれぞれの弁済に際して法定書面を交付することが債権者に義務付けられていました。裁判所は、法定書面交付を厳格に判断して、その適用には慎重でした。しかし、43条のもう一方の重要な適用要件である「弁済の任意性」判断に関して、最高裁は、「利息の弁済として自己の自由な意思によって支払ったことをいい、その支払った金銭が無効であることまで認識していることを要しない」と判断しました（最高裁平成2年1月22日判決 民集44巻1号332頁）。グレーゾーンの金利を利息の返済であると認識して弁済をした以上、それを弁済を無効として返還請求することは困難であるかに思われました。

2006（平成18）年1月、最高裁は「弁済の任意性」に関して続けて3件の判決を出します。第二小法廷が1月13日（民集60巻1号1頁）、第一小法廷が1月19日（裁判所時報1404号1頁）、第三小法廷が1月24日（裁判所時報1404号19頁）でした。最高裁の3つの小法廷が、いずれも同じ論理で判断するとともに、反対意見が1名にすぎないことを考えれば、この判決は最高裁の強い意図に基づいたものと評価できます。判決は、1991（平成2）年の最高裁判決の「任意性」判断を維持しながらも、貸金契約に規定された期限の利益喪失条項が事実上、制限超過部分の支払いを債務者に強制していることになると判断しました。「債務者が支払期日に制限超過部分の支払を怠った場合に、期限の利益を喪失するとの部分は、利息制限法1条1項の趣旨に反して無効である」。「『一部無効』であるにもかかわらず、元本と制限超過部分を含む約定利息を支払わない限り、期限の利益を喪失し、残元本全額を直ちに一括して支払い、遅延損害金を支払う義務が生ずるとの誤解を与え、この不利益を回避するために債務者に制限超過部分の支払を事実上、強制することになる」。「期限の利益喪失条項」が定められていない金銭消費貸借契約は考えられません。最高裁のこの判決によって、貸金業規制法43条は事実上、死文化したのです。その後、2006年に貸金業規制法は改正され、貸金業法とその名称が変更されるとともに、43条は削除されました。

3　多重債務問題の解決に向けた法の役割

この最高裁の判決を受けて、1998年に年間で300件程度であった過払金返還訴訟は、2006年には5400件になり、2008年には1万2900件、2009年には2万件を超えました。

最高裁では、1968（昭和43）年までに利息制限法を超える過払金の返還を求めることができる判例理論が確立されていました。にもかかわらず、多重債務が社会問題となったのは、そうした判例理論を借入をしている債務者が知る術がなかったからでした。通常の債務者は利息制限法という法ですら知りません。ましてや、その判例理論となれば、推して知るべしです。貸金業者を行政が規制する貸金業規制法が制定されたのには、そうした背景もありました。たしかに、貸金業規制法が施行された1984（昭和59）年以降、自己破産の件数はしばらくは減りました。行政による規制が、例えば過酷な取り

▶▶6　最高裁には、第一から第三までの3つの小法廷があります。通常、それぞれの小法廷には5名の裁判官がいます。一方、大法廷では、最高裁に属する15名の裁判官全員による審理が行われます。大法廷は、憲法判断がなされる場合、従来の最高裁判例を変更するなど、社会的に重要な判断がなされる場合にのみ開かれることになっています（裁判所法10条）。

立てを防止するなどの一定の効果を発揮したのも事実です。もっとも、その後、自己破産の件数は以前にも増して増加することになります。行政による規制だけでは多重債務の問題は解決できなかったのです。問題の解決は、債務者自身が問題に向き合うことができる法的な環境が整うことから始まるのです。

「借りた金を返す」のが当たり前だとしても、それは法律的に有効な金利の範囲で主張できる原則です。ところが、民事上無効な金利を弁済しても、その返還請求は困難でした。最高裁の2006年1月の一連の判決は、その困難な状況を変える大きな意味を有しています。債務者にとって「過払金返還」の法的な基盤となったからです。それは、債務者自身が、自らの権利を行使して多重債務の問題を解決させるきっかけになりました。

もっとも、多重債務の問題を解決するためには、単に過払金を法的に取り戻すだけでなく、債務者の生活再建が同時に考えられる必要があります。各地域の「被害者の会」の活動や行政による積極的な支援策が、個々の債務者の権利行使を支える役割を果たしています。そこでは、多重債務の法的な解決だけではなく、その後の生活再建に向けての支援や情報提供がなされていることを忘れてはなりません。

最後に、改正された貸金業法は、金利以外にも多重債務の防止についての規定を含んでいます。とりわけ、過剰貸付の禁止策として、指定信用情報機関の創設とその利用が義務付けられるとともに、借入金額の総量規制がなされたことが重要です。個人への貸付については、借入残高が50万円、総借入残高が100万円を超える場合には、年収などを証明する資料の取得が金融業者に義務付けられました。そして、総借入残高が年収の3分の1を超える貸付は禁止されました。この改正法の全面施行は、多重債務問題解決への重要で大きな一歩なのです。

→7 わが国のクレジットやサラ金による多重債務問題を考えるうえで、被害者の視点から積極的に問題提起するとともに、その解決策を提言してきた「クレジットサラ金問題対策協議会」（http://www.cre-sara.gr.jp/）の果たした役割はとても大きいものがあります。クレサラ対協には、各地の「被害者の会」が結集し、毎年、情報交流や問題解決に向けての積極的で建設的な提言を行っています。

● 貸金業法改正による総量規制

― 借入残高が年収の3分の1を超えている者については、新規の貸付を停止
　（直ちに年収の3分の1までの返済を求めるものではない）

年収
借入残高
3分の1までに制限

（参考）①総量規制は、貸金業者から行われる個人の借入に適用される
　　　　②借入残高が年収の3分の1を超えていても、以下の借入は可能
　　　　　・住宅ローン、自動車ローン
　　　　　・有価証券担保貸付、不動産担保貸付　等
（注）・銀行など、貸金業者以外からの借入は対象外
　　　・企業の借入は対象外

● 借入残高が年収の3分の1を超える者の比率

プレ調査105,848名における借入利用者（現在残高あり）の年収に占める割合を調査したところ、消費者金融から借入残高のある者の50.2％が年収の3分の1を超える結果となった。　　　　　　　　　　（平成21年8月調査）

借入利用者数（現在残高あり）	13,728 名
うち消費者金融利用者数	4,064 名
うち借入残高が年収の3分の1を超える者の数	2,039 名
（消費者金融利用者に占める割合）	（50.2％）

（注）「プレ調査」とは、借入利用者等を抽出するために実施する調査。
（出所）日本貸金業協会　平成21年10月26日公表「貸金業法改正の認知等に関するアンケート調査」

● 無担保無保証借入の残高がある者の借入件数ごと登録状況

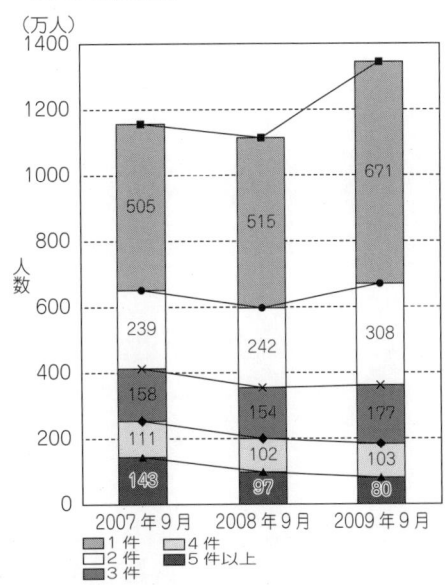

（出所）左図に同じ

第III部
安全から消費者法を考える

15 食の安全のために消費者は何ができるのか？
▶食品表示をめぐる消費者問題

1　食の安全をめぐる消費者の不信

「中国産冷凍餃子中毒事件」[1]が起こったのは2008年1月のことでした。9月には、本来、食用には使用できない農薬等に汚染された事故米が食品用に転用されていることが発覚し、その影響は多方面に及びました[2]。2000年6月に起こった「低脂肪加工乳食中毒事件」[3]以降、わが国の消費者は食の安全に対して漠然とした不安感を感じていました。2008年に連続して起こった事件によって、その不安感は不信感にまで達しました。内閣府の調査によれば、食分野の安全性に対して「不安感が大きい」とした消費者の割合は、2004年には41.4％だったのが、2008年10月には75.5％にまで増加しています[4]。消費生活モニターを対象とした内閣府の調査では、食の安全にかかる事件を受けて注意するようになったものとして、原産国（原産地）の確認が92.7％、原材料の中身が78.4％、賞味期限などの表示が64.6％に達し、特段何もしていないという回答は1.8％だけでした[5]。食の安全に関する日本経済新聞社の調査（2008年10月6日朝刊）でも、33％の消費者が、原産地表示をチェックすると回答しています。消費者にとって、食の安全に主体的に関与できる術は、原産地表示などの表示を確認することだったのです。

しかしながら、その表示が偽装されていたという事件が頻発しました。冷凍餃子中毒事件によって、中国産に対する不信感が消費者に広がり、国産に対する需要が増えたことを背景に、中国産を国産と偽装表示する事件がめだちました。こうした事件を受けて、2009年5月30日からは「農林物資の規格化及び品質表示の適正化に関する法律（通称JAS法）」が改正され、偽装表示に関する罰則が強化されています。偽装表示した事業者には、その名称の公表とともに、法人には1億円以下、個人の場合には2年以下の懲役または200万円以下の罰金が科せられます。消費者が「選択」する権利を通して食の安全に関与するためにも、信頼できる表示が不可欠なのです[6]。

2　食の表示をめぐる法律と消費者

もっとも、食品の表示に関するわが国の法体系はとても複雑です。主なものだけで、食品衛生法、JAS法、不当景品類及び不当表示防止法（以下、景表法）、計量法、健康増進法があり、法に基づく自主的な規範として公正競争規約があります。その他、様々なガイドラインが定められています。表示の目的も法によって異なります。食品衛生法が「食の安全性確保」であるのに対して、JAS法は「消費者の選択権の確保」、公正競争規約の根拠となる景表法では「公正な競争の確保」が法の目的です。所管官庁も食品衛生法が厚生労働省、JAS法が農林水産省、景表法が公正取引委員会と異なってい

---

[1] **中国産冷凍餃子中毒事件**
2008年1月頃、中国から輸入された冷凍餃子に、有機リン系殺虫剤のメタミドホスが含まれていて、それを食べた10名に食中毒が生じた事件。現在も混入の経緯などは明らかになっていません。

[2] 米穀加工販売会社「三笠フーズ」が殺虫剤アセタミプリドに汚染された工業用のベトナム産米を食用と偽って販売した事件。

[3] **低脂肪加工乳食中毒事件**
2000年6月から7月にかけて、雪印乳業が製造した加工乳を飲んだ消費者に1万人を超える多数の食中毒が発生した事件。黄色ブドウ球菌毒素が検出されました。

[4] 内閣府『平成20年度版国民生活白書─消費者市民社会への展望』（2008年）22頁。

[5] 内閣府「国民生活モニター調査（消費行動に関する意識・行動調査）」（2008年）。

[6] 21世紀の若者に対して食の安全を語りかける書籍として、神山美智子『食品の安全と企業倫理─消費者の権利を求めて』（八朔社、2004年）があります。

ました。なお、2009年9月の消費者庁の発足で、これらの法を消費者庁が管轄あるいは共管することになりました。消費者にとってわかりやすい統一的な表示が検討される予定になっており、その成果が期待されます。

　もっとも、消費者が関心を寄せる「原産地」表示も、問題は単純ではありません。牛肉には、いわゆる「BSE問題」[7]もあり、2004年12月から「牛の個体識別のための情報の管理及び伝達に関する特別措置法」によって、トレーサビリティが導入されました。[8] (独)家畜改良センターのホームページ（https://www.id.nlbc.go.jp）から牛肉のパック等に表示されている10桁の個体識別番号を入力すると、牛の生産履歴を知ることができます。消費者が、生産履歴情報を容易に確認できるという意味で、トレーサビリティという仕組みには大きな意義があります。ところで、国産牛と表示されている牛肉の個体識別番号を入力したところ、その牛が外国から輸入された履歴が記載されていたとの経験をしたことはないでしょうか。牛肉の「原産地」とは、その牛が最も長く生育された場所だからです。これは、中国産を国産と表示して問題となった「うなぎ」についても同様です。極論を言えば、1日でも長く国内で飼育されれば、国産という表示が可能なのです。

　加工食品については状況はより複雑です。景表法4条1項3号に基づく「商品の原産国に関する不当な表示」（昭和48年告示第12号）では「その商品の内容について実質的な変更をもたらす行為が行われた国」が原産国になります。100%果汁ジュースの大部分は、濃縮果汁還元という製法で作られています。輸入された濃縮果汁が使われていても、その希釈が日本で行われていれば、そのジュースは「国産」です。最近人気のお茶も同様です。JAS法では荒茶の生産が行われた国が原産国として表示が義務付けられていますが、緑茶飲料になるとそれを抽出してボトル詰めしたのが国内であれば、国産と表示されます。もっとも、その場合にあってもJAS法に基づく「加工

➡7　BSE　牛海綿状脳症（Bovine Spongiform Encephalopathy）という牛に発生する病気のこと。一時期、狂牛病とも言われました。英国で1986年に発見されて以来、世界中に広がり、2001年にはわが国でも発生が確認されました。原因は、プリオンという通常の細胞タンパクが異常化したものと考えられていますが、発生原因を含め、必ずしもその因果関係などが解明されているわけではありません。同様の異常プリオンで人に発生するクロイツフェルト・ヤコブ病との関連性も指摘されていますが、これも明確にはなっていません。

➡8　牛肉以外にも事故米の食用米混入問題を受けて、2010年10月1日に一部施行された「米穀等の取引等に係る情報の記録及び産地情報の伝達に関する法律」（平成21年法律第26号）によって、米とその加工品について法律上の生産と流通の履歴管理が行われることになっています。

● 2008年に発覚した主な食品表示偽装事件

対象商品	偽装の内容	事業者名
りんご果汁	中国からの輸入品を国産	青森県加工
牛肉	鹿児島県産牛肉を但馬牛、三田牛	船場吉兆
鶏肉	廃鶏の肉を比内地鶏	比内鶏
ちりめんじゃこ	タイ産を淡路島産	大水・竹中商店
マンゴー	台湾産を宮古島産	美ら島フーズ
天然わかめ	中国産を三陸産	西嶋商事
うなぎ	中国産を三河一色産	魚秀
飛騨牛	愛知県産を飛騨牛	丸明
たけのこ水煮	中国産を国産	丸井・たけ乃子屋

● 表示に関する法の比較

	食品衛生法	JAS法
目的	衛生上の危害の発生防止	適正な表示による消費者の選択
監督官庁	厚生労働省	農林水産省
2009.9.1〜	消費者庁との共同管轄	
表示の対象	容器包装された販売用の食品や添加物等	消費者向けの飲食料品

● トレーサビリティ（牛肉パックの例）

　牛肉には、パックの商品ラベルに10桁の固有番号（個体識別番号）が記載されています。これにより、その牛の生産履歴情報を確認することができます。

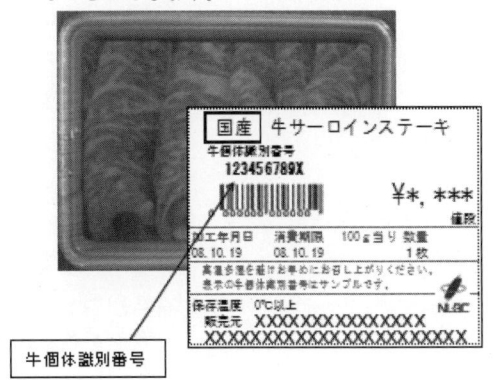

食品品質表示基準」(最終改正 2007 年 10 月 1 日)で緑茶及び緑茶飲料については、2009 年 10 月 1 日以降は原料原産地表示が義務付けられました。「緑茶(インドネシア)」を使った「国産」と表示された緑茶飲料が流通しているのは、そうした背景があります。

3　食の安全に関するリスクコミュニケーションと表示のあり方

　適切な表示によって、消費者の主体的な選択を促すという観点から注目されるのが、遺伝子組み換え食品についての表示です。例えば私たち日本人にとって最もなじみが深い食品である豆腐には、原材料欄に「大豆(遺伝子組み換えでない)」と表示されています。

　遺伝子組み換え食品についての表示制度が、JAS 法及び食品衛生法に基づいて法的に開始されたのは、2001 年 4 月 1 日です。その意味では 21 世紀型の新しい食品表示の試金石とも言えるのです。2003 年 7 月に食品安全基本法が施行されています。それによって、食品安全委員会も設置されました。遺伝子組み換え食品の安全性の判断は、食品安全委員会の判断を基礎に行われることになっています。この法律には、食に関するリスク評価(食品安全基本法 11 条)、リスク管理(食品安全基本法 12 条)に加えて、食の安全に関する施策の策定にあたって、情報の提供及び意見を述べる機会の提供、さらには関係者相互間の情報及び意見の交換の促進を図る必要な措置が講じられなければならない(食品安全基本法 13 条)と規定されています。いわゆる食の安全に関する施策について「リスクコミュニケーション」[9]という考え方が重視されているのです。ここに言う関係者に消費者が含まれることは言うまでもありません。

➡ 9 **リスクコミュニケーション**
　ある政策決定にかかわる危険性(リスク)に対する評価をするに際して、その問題に関する利害関係者(ステークホルダー)の間で、正確な情報に基づく率直な意見交換をすることを通して、相互に意思疎通と共通理解を図り、合意形成を得るという政策手法のこと。

　現在、遺伝子組み換え食品に関する表示対象食品とされているのは、大豆やとうもろこし、馬鈴薯など 7 種類の農作物と、これを加工する 32 の食品と高オレイン酸遺伝子組み換え大豆を原材料とする加工食です。これらの食品は、遺伝子組み換え農作物を使用している場合にはその旨の表示が義務付けられています。よく見る「遺伝子組み換えではない」との表示はあくまで任意です。その意味では、表示がないということは、遺伝子組み換え農作物を使っていないということになります。ただし、食用油や醤油は、検査による検出が不可能であるとの理由から表示が義務付けられていません。表示義務は、原材料に占める重量の割合が上位 3 品目以内で、重量の割合が 5% 以上の原材料である場合です。また、適切な分別管理の方法がとられている場合には、意図せざる混入として、5% 以下の混入が許されています。ここでも適正な表示をすることはとても難しいのです。

　私たち日本人の食になじみが深い大豆は、その 80% 近くをアメリカから輸入しています。アメリカで生産される大豆の約 7 割が遺伝子組み換えによるとのデータもあります。表示を信頼して食品を選択しても、遺伝子組み換え食品を食卓から完全になくすことは簡単ではないのかもしれません。

4　食の安全と消費者ができること

　消費者基本法はその基本理念として、消費者の合理的な選択のために必要な情報が提供されることを消費者政策上の権利として尊重するとしています(同法 2 条)。複雑でわかりにくい食に関する表示制度を消費者の権利という

観点から整理、統合して、ひとつの行政機関で執行していく体制が求められています。[10] そのためには、食の表示が消費者のためであること。表示のあり方を検討するについて消費者や消費者団体の意見が反映されること。販売の停止や回収命令などを含む対応策が迅速で効果的にとることができる体制を整備することなどが必要です。こうした新しい食品表示制度のために、消費者庁が果たす役割はとても大きいと言えます。

ただ、私たち消費者にとって、表示の確認が重要であるにしても、例えば中国産などの外国産の食品をボイコットすることで、食の安全の確保に適切に関与したと言えるのでしょうか。それは間違いなく「否」であると思います。

私たちの国の食料自給率は、カロリーベースで約40％です。[11] この数字は、外国からの輸入抜きにわが国の食が立ちゆかないことを示しています。例えば、日本人が好んで食べるそばの原料の60％強を中国からの輸入しているそうです。お出汁の醤油の原料である大豆は80％近くがアメリカからの輸入です。日本の食料を生産するために、わが国の農地（約465万ha）の3倍近い農地（約1233万ha）が外国で使われているという調査もあります。

私たち消費者は、食の安全の問題にどのような観点で関与すべきなのでしょうか。それは、なによりもこの問題を「自分の安全」を確保するという視点だけでなく、すべての消費者にかかわる問題であることを認識することから始めることではないかと思えます。例えば、中国産食品の安全は、私たち日本の消費者の問題であるとともに、なによりも中国の消費者にとっても重要で深刻な問題です。中国では2009年6月1日に「食品安全法」が施行されています。[12] グローバル化する食品の流通を考えるとき、消費者の視点から諸外国の食の安全にかかわる制度や消費者のかかわりを知ることも、ますます重要になっています。[13] 食の安全の問題は、私たち日本の消費者運動と消費者法に、国際的な視点を備えることも求めているのです。

[10] 神山美智子「消費者の求める食品表示」法律のひろば2009年3月号49頁。

[11] 農林水産省「食料自給率ホームページ」(http://www.maff.go.jp/j/zyukyu/index.html)。

[12] 中国の食品安全法の内容を紹介する文献として、趙莉「中国の食品安全法について」神山法曹論集第1号22頁（京都産業大学、2009年）があります。

[13] ひとつのその成果として、内閣府請負調査「消費者の安心・安全確保に向けた海外主要国の食品に関する制度に係る総合的調査報告書」（商事法務研究会、2009年）。

● 消費生活センター危害・危険情報 商品等分類別件数

商品等分類	危害情報 件数	割合(%)	危険情報 件数	割合(%)
食料品	1,902	22.6	405	10.2
住居品	956	11.3	1,556	39.2
光熱水品	25	0.3	67	1.7
被服品	492	5.8	67	1.7
保健衛生品	1,318	15.6	137	3.4
教養娯楽品	399	4.7	443	11.1
車両・乗り物	226	2.7	865	21.8
土地・建物・設備	116	1.4	159	4.0
クリーニング	9	0.1	0	0.0
レンタル・リース・貸借	170	2.0	44	1.1
工事・建築・加工	89	1.1	45	1.1
修理・補修	26	0.3	98	2.5
運輸・通信サービス	54	0.6	13	0.3
教養・娯楽サービス	196	2.3	4	0.1
保健・福祉サービス	1,904	22.6	15	0.4
他のサービス	442	5.2	46	1.2
その他	110	1.3	10	0.3
合計	8,434	100.0	3,974	100.0

（注）2009年5月末日までの登録分。危害情報、危険情報は2007年度から「経由相談」を除いている。
（出所）国民生活センター『消費生活年報2009』43頁

● 自給率の例（天ぷらそば）

【そば】
中国61％、日本23％
【えび】
ベトナム18％、インドネシア17％、インド12％、日本5％
【大豆】
アメリカ76％、ブラジル8％、カナダ7％、日本5％

● 食品の原材料の安全性についてのアンケート結果

〈次の食品の原材料について安全性に不安を感じるか〉

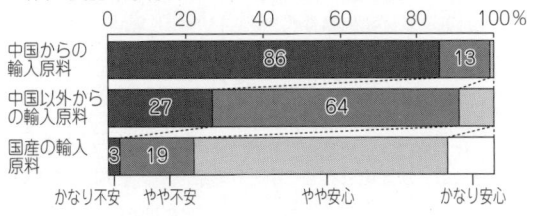

中国からの輸入原料：かなり不安86、やや不安13
中国以外からの輸入原料：27、64
国産の輸入原料：3、19

かなり不安　やや不安　やや安心　かなり安心

（注）調査の方法は調査会社マイボイスコムを通じて2008年9月26日〜29日にインターネットで実施。全国の20歳以上の男女1215人が回答。
（出所）日本経済新聞2008年10月6日朝刊

16 製品の欠陥被害から消費者を守るために

18歳から考える消費者と法

▶製造物責任法と被害情報

1 製品の欠陥と被害者の救済法理

1995年7月1日に製造物責任法（通称PL法）が施行されました。この法律は、製品の欠陥による被害者の救済を、従来の「過失責任」から「欠陥責任」に転換する画期的なものでした。

(1) 民法による被害者救済法理

それまでは、被害者が製品の欠陥による被害救済を受けるためには、民法に基づいて損害賠償を請求する必要がありました。スーパーから購入したリンゴが傷んでいたら、消費者は購入先のスーパーに苦情を言うでしょう。リンゴをちゃんとした別のものに変えてもらったり、場合によっては代金の返還を求めることもあるかもしれません。スーパーと消費者との間には売買契約が結ばれていて、傷ついたリンゴを渡すだけでは債務の本旨に従った履行がなされたとは言えません。法的には不完全履行として債務不履行（民法415条）に該当しますから、履行の請求や契約解除ができることになります。また、仮に傷んだリンゴを食べて病院で治療を受けたなら、治療費等を損害賠償として請求することも可能です。消費者からすれば交渉相手が顔の見える販売業者である限りは、実際の交渉もやりやすいですし、その法的な請求根拠も契約によって根拠づけることが可能なのです。

もっとも、赤ちゃんの飲むミルクにヒ素が含まれていた「森永ヒ素ミルク事件」[1]とか、テレビから発火して事務所が燃えてしまった事件[2]になると、販売業者を相手にしているだけでは被害の回復は難しいかもしれません。何よりも被害額が高額で、通常の小売店では損害の支払いが実際には困難です。また、被害の原因は製造されたミルクやテレビにあるのであって、その主な責任は販売業者ではなく、製造業者にあると考えられます。被害者が製造業者を相手に損害賠償を請求するのは素直な帰結です。ところが、製造業者と消費者の間には直接の契約関係はありません。たしかに、電気製品などには「保証書」が添付されていて、一定の期間はその製品について製造業者が合意による法的責任を負うと考えられる余地もあります。しかし、それは期間が限定されていますし、保証書がすべての製品についているわけでもありません。結局のところ、消費者は製造業者に対して、不法行為（民法709条）に基づく損害賠償を請求することになります。

不法行為に基づく損害賠償請求が認容されるためには、被害者の権利や法的な利益が侵害され、それによる損害が「加害者の故意又は過失」により発生するとともに、侵害行為と損害との間に相当な因果関係があることが必要になります。これらはすべて、損害を請求する者が主張、立証しなければなりません。損害の発生と権利侵害は事実から明白です。しかし、それが製造

---

[1] **森永ヒ素ミルク事件** 森永ヒ素ミルク事件について、製造課長の刑事上の過失責任が肯定された差戻後第1審判決として、徳島地裁昭和48年11月28日判決 判例時報721号7頁、判例タイムズ302号123頁。岡山県を中心とする中国地方でヒ素ミルク中毒が発生したのは1955（昭和30）年6月下旬。国（当時は厚生省）、森永乳業、被害者の会の三者会談確認書に基づいて、被害者の恒久的救済を目的に「（財）ひかり協会」が設立されたのは昭和49年4月でした。なお、森永ヒ素ミルク事件の全容を示す資料として、丸山博監修『私憤から公憤への軌跡に学ぶ』（せせらぎ出版、1993年）が貴重です。

1973年、森永ヒ素ミルクによる中毒事件が再び司法の場で問題とされました。被害が発生した1955年からすでに18年が経過しており、損害賠償の時効が直前に迫っている中での提訴でした。写真は1973年4月10日、大阪地裁に提訴したときのものです。

提供：中坊法律事務所

[2] **松下テレビ発火事件**判決として著名な大阪地裁平成6年3月29日判決 判例時報1493号29頁、判例タイムズ842号69頁は、製品に欠陥があることが立証された場合には、製造者に過失があったことが推認されると判示し、製造物責任法を先取りした判決であると評価されました。

業者の過失によって生じたことを立証することはとても困難です。さらに、現在生じている損害と加害行為との因果関係を立証することも容易ではないでしょう。ヒ素ミルク事件で言えば、ミルクにヒ素が混入したことが製造業者の過失であること。赤ちゃんの障害が、ヒ素が入ったミルクを原因とすることを立証しなければならないのです。被害者は時に企業秘密とも表される製造業者の内部に立ち入って、その過失を証明する必要があったのです。これは被害者にとって酷な課題と言わざるをえません。現に、ヒ素ミルク事件では、被害者救済のために「ひかり協会」という財団法人ができて、最終的な法的解決が図られたのは、不法行為の時効期間である20年の直前でした。

(2) 製造物責任法の被害者救済法理

製造物責任法は、過失責任を廃し、それに代わって欠陥責任を法定することによって、格段に法的な被害者救済の可能性を広げました。被害者が従来よりも製品の欠陥に基因する損害の賠償を法的に主張しやすくすることによって、被害者の救済を図るとともに、製品の安全性を向上させるという社会的価値の実現に消費者を関与させることが意図されたのです。1994年7月1日の公布から施行までの1年間は、製造業者などの事業者がこうした責任に対応するための準備をする期間として置かれたものです。

製造物責任法は、製造物とは「製造又は加工された動産」である（2条1項）とします。あらいにしたイシガキダイによる食中毒につき、あらいにしたことが加工に該当するかが争われ、製造物責任法の適用を認めた判決があります（東京地裁平成14年12月13日判決 判例時報1805号14頁）。一方で、適用対象は動産に限定されていますので、いわゆる欠陥不動産や情報などにはその適用が困難です。

責任根拠となる欠陥とは、「通常有すべき安全性を欠いていること」（製造物責任法2条2項）です。欠陥の類型として、製造上の欠陥、設計上の欠陥、

→3 欠陥住宅に関する損害賠償などの法的な根拠としては、民法の瑕疵担保責任（売買については民法570条、請負については民法634条）の適用が問題になりました。もっとも、民法の瑕疵担保責任は任意規定であり、契約書などによる当事者の合意によって排除できることが問題でした。1999年6月15日に成立した「住宅の品質確保の促進に関する法律」では、新築住宅に限ってですが、基本構造部分に関する瑕疵担保期間を10年間とし、これを合意により排除できない強行規定としました。また、建築請負業者に建て替え費用相当額の損害賠償責任を肯定した画期的な最高裁判決として、最高裁平成14年9月24日判決 判例時報1801号77頁、判例タイムズ1106号85頁があります。

● PL法に基づく訴訟（119件）の審級別判決などの状況

一審	件数
原告勝訴	36 (10)
原告敗訴	33 (15)
和解	35
係属中	15
合計	119 (25)
うち控訴の件数	44

控訴審	件数
（一審での）原告勝訴	13 (7)
（一審での）原告敗訴	13 (12)
和解	15
控訴後取下	1
係属中	2
合計	44 (19)
うち上告受理申立の件数	7

上告審	件数
不受理決定	6
審理中	1
合計	7

(注1)「勝訴」とは、「原告の請求が一部でも認められた事案（判決では一部認容であるが、裁判所がPL法に基づく請求については棄却、もしくは判断をしていない事案も含む）」とした。
「敗訴」とは、「原告の請求が認められず、棄却された事案」とした。
「和解」とは、「裁判上、もしくは裁判外で当事者間において和解で終了したことを国民生活センターが把握した事案」とした。
(注2) （ ）内は、「その審級において結審した事案」である。
(出所) 国民生活センター『消費生活年報2009』172頁

私たち消費者が購入する製品は、さまざまな流通経路を経由して私たちの手元に届きます。法的な契約は、消費者と販売業者との間で締結されますが、それは一連の取引の最後の場面だけを法的に評価したにすぎません。消費者に対する製品の安全性を考えるとき、直接の契約関係にない事業者であっても、そのための責任を果たすべきであることは言うまでもありません。

指示・警告上の欠陥があると考えられています。責任主体は、製造業者、加工業者、輸入業者ですが、これらの者と同視される表示をした者も責任を負います（製造物責任法2条3項）。スーパーなどのプライベートブランド商品には、販売者のみが明示され、製造業者名が記載されていないことがあります。その際には、スーパーが製造物責任法の責任を負うのです。なお、製造物責任法は、損害が製造物自体にとどまる場合には適用がありません（製造物責任法3条）。いわゆる拡大損害が要件とされています。例えば、食品が腐っていただけではだめで、それによって健康被害などが生じた場合にはじめて製造物責任法が適用されるのです。なお、製造物責任とは別に、民法の過失責任を主張できることはもちろんです。

製造業者が製造物責任法の責任を免責される事由として、開発危険の抗弁（製造物責任法4条1号）と部品・原材料製造業者の免責（製造物責任法4条2号）が規定されています。前者は、製品を市場に置いた当時の科学技術の水準では発見できなかった欠陥についての免責を認めるものです。後者は、完成品の製造業者の指示に従って部品や原材料を製造した業者の責任を免責する規定です。

責任期間は、被害者が損害及び賠償義務者を知ってから3年間、製品の製造時から10年間とされています（製造物責任法5条1項）。ただし、例えばアスベスト（石綿）被害のように、長期の潜伏期間が経過してから被害が生ずるような場合には、損害の発生時から起算するとの例外も定められています（製造物責任法5条2項）。パロマ社製のガス瞬間湯沸かし器による一酸化炭素中毒事件では、1980年代に製造された機器によって、1985年から2005年までの20年間で21人の死者が出ました。それを受けて、2006年の消費生活用製品安全法の改正によって、製品の経年劣化による事故の防止を目的とする「長期使用製品安全表示制度」及び「長期使用製品安全点検制度」が2009年4月1日から運用されています。製品によっては、10年を超えて使用が継続され、欠陥が問題となることがありうることをこの事件は示しています。責任期間については見直しが必要です。

2　製造物責任法による訴訟の課題

国民生活センターによる「製品関連事故に係る消費生活相談の概要と主な訴訟事案」（2009年10月21日）によれば、2009年9月までに提訴された訴訟の件数は119件。2008年度に各地の消費生活センターに寄せられた製品関連事故の相談が1万2109件あり、拡大損害を伴うものが6599件もあることを考えれば、訴訟が活発になされているとは言えません。訴訟の結果についても、原告の勝訴が36件、和解による終了が35件、原告敗訴が33件、審理継続中が15件となっています。この数字を前提とするならば、訴訟によって被害救済が十分になされているとは言い難いとの評価もなされています。また、2006年7月の内閣府の調査では、判決事案46件のうち、製造物責任法に基づく請求が一部でも認められた事案は14件、取下げまたは和解した事案は10件、製造物責任以外の他の法理による請求認容が5件、残りの17件は請求が棄却されているそうです。10件の和解、取下げ事案が、前審での判断が基礎とされたと仮定すれば、8件でなんらかの補償が被害者になされたと推測されます。その結果、46件中、製造物責任法による補償がなさ

れた事案は22件（約48％）ということになります。過失責任から欠陥責任への転換は、消費者が自ら権利行使をして被害救済を図ることに資すると考えられていました。でも必ずしもそのように機能していないようです。「欠陥責任」は実際の訴訟ではどのような点が問題となっているのでしょうか。

(1) 通常予見される使用方法か、誤使用か？

欠陥の判断に際して、製造業者からしばしば主張されるのが、被害は製品の誤使用によって生じたとする「誤使用」の抗弁です。それが争点となり、地裁と高裁とで異なる判断が示された事案があります。

事案は、プラスチック製のフードパックを裁断する機械がたびたび荷崩れを起こしたために、女性従業員が非常停止ボタンを押さずに、作業中の機械に身体を入れて除去をしたところ、コンベアと天井との間に頭をはさまれて死亡した事故についての損害賠償が、製造物責任として争われたものです。第1審（浦和地裁熊谷支部平成12年6月29日判決 判例集未登載）は、非常停止ボタンを使わずに機械に身体を入れるという危険な使用方法であって、機械に欠陥があるとは言えないと判示しました。控訴審（東京高裁平成13年4月12日判決 判例時報1773号45頁）は、本件機械が平均して1時間に2回の割合で荷崩れを起こしており、機械の動作を停止することが効率的ではなかったこと。したがって、リフトを停止せずに荷崩れしたものを除去しようとすることが想定できること。機械の製造者としては、そのような操作担当者の心理にも配慮して、機械の安全性を損なうことのないようにする必要があるとして、適切な排除策が講じられておらず、またリフト上に手や身体が入ったときに本件機械が自動的に停止するような対策が講じられていなかった点で通常有すべき安全性を欠いていると判断しました。損害賠償額の認定については5割の過失相殺がされています。

誤使用だけを理由として製品の欠陥が否定されるためには、その使用方法

❗ 製造物責任保険と被害救済の課題

製品の欠陥による被害はしばしば高額な損害賠償を伴うことがあります。場合によっては高額な損害賠償が重荷になって、製造業者が倒産してしまうということも考えられるのです。そうなってしまえば、被害者の救済は窮地に陥ってしまいます。仮に損害賠償が認められたにしても、その請求は破産債権者のひとりとして、他の債権者と均等な割合で破産財団からの分配を受けるしかないからです。生産物賠償責任保険（通称、PL保険）は、高額な損害賠償に対応するために用意された保険です。製造物責任法が立法されたことによって、製造業者はそこから生ずるリスクを保険で回避することができるという意味でも、この保険は重要です。もっとも、PL保険の被保険者は製造業者ですから、保険金は被害者に直接支払われるのではなく、あくまで製造業者に支払われます。製造業者が倒産している場合には、保険金は被保険者たる製造業者の責任財産に組み入れられてしまいます（破産法100条1項）。サルモネラ菌に汚染された食品による被害を被った女児が、製造業者が倒産したため、損害保険会社に対して直接、損害保険金の支払いを求めた裁判では、被害者による直接請求権を否定しています（東京地裁平成14年3月13日判決 判例時報1792号78頁）。法的にはやむをえない判断かもしれませんが、これではPL保険の意味がなくなってしまいます。

2008年5月30日に成立し、2010年4月1日に施行される保険法は、責任保険契約に基づく保険金請求権について、被害者に先取特権を認めました（保険法22条）。被害者は、PL保険に基づく保険金について、破産手続きにおいて他の債権者に優先して弁済を受けることが可能になるのです。もっとも、任意の弁済を受けることができない場合には、被害者は、「担保権の存在を証する文書」を裁判所に提出して差押命令の申し立てをする必要があります（民事執行法193条・143条）。保険法により定められた被害者の保険金請求権に対する特別の先取特権の「存在を証する文書」は、判決により損害額が確定できているような場合を例外として、そう簡単に用意できるものではないと思われます。ここでも、被害者の実態を勘案した柔軟な対応が必要とされているのです。

が通常、予想される使い方とはかけ離れている場合に限られると解するべきだと考えます。[8]製品の安全性は、それが使われる場所や人を想定して、具体的になされなければならないからです。また、同種の事故が繰り返し起こる可能性があるのかという点も、適切な使用であったか否かの判断のためには重要です。

(2) 製品の欠陥か、その他の原因か？

製造物責任法によって損害賠償を請求する場合、製品の欠陥については被害者に立証責任があるとされています。欠陥を立証するには、何を主張し、証明すればいいのか。被害者にとっては、欠陥の立証は決して容易ではないと思われます。

ガスファンヒーターからの発火についての責任が争われた事件があります（大阪高裁平成13年11月30日判決 判例タイムズ1087号209頁）。被害者が、自らの目撃証言と技術士の意見書によってガスファンヒーターからの出火であると主張したのに対して、製造業者は火災鎮火後にファンヒーターの近くからスプレー缶が発見されたことからその爆発による火災の可能性があると主張しました。判決は、いずれの原因の可能性も否定できないとして、結果的にはガスファンヒーターからの出火とは断定できないとして、製造物責任を理由とする損害賠償を認めませんでした。

被害者は欠陥を立証するについて、少なくとも当該製品から生じた事故であることを立証する必要があります。そのためには、具体的に欠陥部位や欠陥原因、事故が発生した機序などを「疑いの余地を挟まない程度」まで立証する必要があるのです。それは往々にして、専門知識に基づく際限ない技術論争に巻き込まれることを意味します。せめて、欠陥の疑いがある製品が被害者の手元に残っていればいいのですが、火災原因や事故の捜査のために肝心の製造物が、消防や警察に押収されていることがあります。また、同種の物から同じような被害が生じていないかどうかも重要です。例えば、テレビからの発火が問題となった裁判（大阪地裁平成9年9月18日判決 判例タイムズ992号166頁）では、他の同種事例の存在が、欠陥の存否の判断に決定的な影響を与えました。被害者が行政機関や製造業者などが有する情報にアクセスできる法制度も、今後の大きな課題です。アメリカの製造物責任訴訟では、訴訟の開始前にディスカバリー制度によって[9]、被害者が製造業者の有する当該製品に関する情報にアクセスすることが可能とされています。

3 事故情報の公開とその重要性

事故情報へのアクセスは、被害者救済のためだけに重要なわけではありません。むしろ、同種の被害の拡大防止のためにこそ、被害情報は公開されなければならないのです。

2006年3月10日、2才9カ月の女児が家庭用シュレッダーで指9本を切断するという痛ましい事故が発生しました。もっとも、その事故が経済産業省によって公表され、事業者による「社告」が出されたのは8月23日になってからでした。その間、同様の事故が7件起こっていたことも、その後判明します。当時の消費生活用製品安全法（以下、消安法）では、発生したすべての重大製品事故を経済産業省に報告する法的な義務付けがなされていませんでした。その後、2006年12月6日、消安法が改正され、2007年5月14

[8] 片山・前掲（[6]）論文106頁も同旨。

[9] わが国の製造物責任法は「人」がその権利主体とされています。その結果、消費者だけでなく、事業者であっても、製造物責任法に基づく欠陥責任を追及することが可能です。厳密な意味では、製造物責任法は消費者法ではありません。ディスカバリー制度の立法化が見送られた背景のひとつに、製造物責任訴訟を通して、結果的に事業者が他の事業者の企業秘密に属する情報にアクセスできることへの懸念があったとも指摘されています。

日からはすべての重大製品事故が経済産業省と消費者庁に報告することが義務付けられました。ここにいう重大製品事故とは、消費者の生命または身体に危害が発生した事故、あるいは製品が滅失または毀損した事故で、消費者の生命または身体に危害が発生するおそれがある事故のことをいいます。重大製品事故の報告義務は、製造事業者、輸入事業者に課せられていて、主務大臣は報告から1週間以内にその事故情報を公表しなければなりません。消費者庁や経済産業省のホームページには、重大事故情報が製造会社名を含めて、公表されています。

➡10 消費者庁「事故情報データバンクシステム」(http//www.jikojoho.go.jp/ai_national/)、経済産業省「製品安全ガイド」(http://www.meti.go.jp/product_safety/index.html)。

また、消費者庁設置とともに施行された消費者安全法では、行政機関、地方公共団体、国民生活センターに消費者事故等に関する情報を内閣総理大臣に通知することが求められています(消費者安全法12条)。例えば、製品の事故情報は消防とか警察に、食品については保健所が事故を最初に把握することがめずらしくありません。原因の解明に加えて、こうした機関からの情報が早期に集約されることが必要なのです。また、消費者庁は、安全確保のために有効活用されるよう迅速かつ適確に情報の集約及び分析を行うとともに、その取りまとめ結果を公表することが求められています(同法13条)。さらに、消費者被害の発生または拡大防止を目的に、消費者の注意喚起のための情報を公表することも規定されています(同法15条)。消費者に対して適切に事故情報が提供されることが、結果的には、制度に対する信頼につながります。制度の効果的な運用のためにも、情報収集だけでなく、その提供の適切さが問われています。

消費者庁のホームページには、消安法ならびに消費者安全法に基づく事故情報が多数公表されています。それらの貴重な情報が消費者の安全に具体的につながるためにも、よりわかりやすく、活用できる形式と内容での情報提供のあり方が検討される必要があります。

● 製品関連事故に係る相談件数の推移

年度	消費生活相談の総件数	うち製品関連事故に係る相談(注2)件数	うち拡大損害が生じた相談(注3)件数
1994（施行前）	234,022	4,261（1.8%）	419（0.2%）
1995（施行）	274,076	6,833（2.5%）	1,719（0.6%）
2006	1,111,775	10,319（0.9%）	5,365（0.5%）
2007	1,049,859	12,711（1.2%）	6,709（0.6%）
2008	947,358	12,109（1.3%）	6,599（0.7%）

(注1) 2009年8月末日までの登録分。括弧内は全体に占める割合である。
(注2) 「製品関連事故に係る相談」とは、製品等によって生命や身体に危害を受けた相談、危害を受けるおそれがあったという相談、危害・危険情報に限らず製品等の不具合などにより当該製品以外に拡大損害が生じた相談を集計対象とした。2007年度から「経由相談」を除いている。
(注3) 拡大損害とは、製品等の安全上の不具合、品質・機能上の不具合などが原因で、生命・身体あるいはその当該製品以外の財産（ソフトウェア等の無形の財産を含む）に拡大して損害が生じたもの。
(出所) 国民生活センター2009年10月21日報道発表資料

● 製品別相談件数（上位5位）

2007年度			2008年度		
順位	製品	件数	順位	製品	件数
（全体）		5,402	（全体）		5,352
1	化粧品	647	1	化粧品	639
2	健康食品	506	2	健康食品	461
3	調理食品	385	3	家具・寝具	296
4	家具・寝具	309	4	調理食品	270
5	医療用具	239	5	飲料	237

(注) 生命・身体のみに拡大損害が生じた相談を集計対象としている。
(出所) 国民生活センター2009年10月21日報道発表資料

第Ⅳ部
消費者本位の社会実現のために

17 消費者・消費者団体の役割を考える

1 消費者一人ひとりは小さい存在だが……

　大学の食堂で昼食を食べる人は多いでしょう。安くておいしい食事が提供されていますか？　もし、そうであれば、問題ありませんが、高い割りにおいしくないとしたら皆さんはどうしますか？　まず考えられるのは、大学の食堂では食べないということでしょう。キャンパスを出てどこか近くのレストランで食べたり、あるいはお弁当を持ってくることもできます。しかし、大学内で食事できるということはメリットがあります。そこで、食堂の人に苦情を言うこともできます。しかし、それで急に食事がおいしくなったり値段が安くなるとはあまり考えられません。それではどうしますか？　もし、大学の食堂の食事がおいしくないと思っている人に行動を呼びかけ、300人集まったとします。食堂の経営者は驚くに違いません。早急にメニューの見直しなどを始めるでしょう。なぜでしょうか？

2 消費者運動の意義──消費者の組織化を考える

　消費者一人ひとりの力は小さくても消費者が終結すればそれは大きい力となります。統一行動をとれば相手方への威圧になりますし、世論を喚起できます。このような行動は経済的な効果も生みます。それはバーゲニング・パワー1が増すからです。1人の消費者がある店で買い物をすることをやめても、その店の売り上げにはさほど影響はありません。しかし、何百人、何千人と組織化して行動を起こせば、お店は「言うことを聞かないと買ってくれなくなる消費者が増え、商売がだめになるかもしれない」と思います。現実に消費者が集結して「不買運動」（ボイコット）を起こすこともあります。これは企業にとっては脅威です。個々の消費者が企業との取引条件について不満を持ち、異議を申し立てても企業がそれを受け入れて取引条件を修正してまで当該消費者との取引に応じる必要性は乏しいと言えます。しかし、取引に不満を持つ消費者が集結してそれを表明し、取引条件の是正を求めれば話は別でしょう。消費者が組織化することにより、企業にとっては大口、継続的な取引相手となり、それを無視できなくなります。また、そうした組織化された消費者の声は、世論としても社会の注目を集めることとなるでしょう。

　供給者である企業が組織としての強さを発揮して消費者を圧倒するようになってきている今日、消費者もまた自らを組織したりして企業に対抗力を身につけ、それによって自衛を図ることが考えられます。消費者団体は、消費者の組織化によるその利益擁護、消費者の自衛を究極の目的とするといってよいでしょう。消費者運動の主体は消費者団体です。

> 1 バーゲニング・パワー
> bargening power. 交渉・折渉などにおける対抗力。交渉能力。

3 消費者運動の類型

消費者運動はヨーロッパやアメリカ等の先進国で歴史的に展開され、多様な形態を有します。おおむね、以下の3つに分類することができます。

● **消費者協同型（生協型）運動**

1844年に英国のロッチデールで働く労働者は劣悪な労働条件や低賃金に苦しめられ、その生活は非常に厳しいものでした。そこで、28人の職人たちは自らの生活を守るために、貧しいながらも資金を出し合って生活必需品の共同購入を始めるための「ロッチデール公正先駆者組合」を設立しました。そこで確認された、組合員の出資による運転資金の確保、購買額に応じた剰余金の配分、市価・現金主義等の運営原則は「ロッチデール原則」と呼ばれています。日本では戦後、物資の乏しい時期に労働組合などを基盤に多くの消費生活協同組合（以下、生協）が生まれ、昭和40年代、消費者運動の興隆のなか、全国各地で新しい生協が発足しました。日本の生協は消費生活協同組合法による協同組合で、組合員のために生活に必要な物資の購入・加工・生産を行う事業、協同施設を設けて利用させる事業、生活改善・文化向上・共済を図る事業などを行うものです。COOP（コープ）とも呼ばれます。現在、生協の数は1000以上、総会員数は6300万人を超えています。

● **情報提供型消費者運動**

市場に出回る商品を消費者が賢く選択することができるように消費者に公正で科学的な情報を提供し、それによってより良い商品の生産を企業に促し、劣悪な商品が市場で淘汰されることを期待する運動です。この運動が発生し、展開するのは、市場に商品が大量に供給される一方で、消費者に十分な商品情報が提供されず、企業の市場支配力が強まったためであり、1920年代から大量生産・大量消費時代を最初に経験したアメリカで起こりました。当初

➡ 2 **ロッチデール公正先駆者組合** Rochdale Society of Equitable of Pioneers

➡ 3 **COOP** 消費生活協同組合（生協）をはじめ、協同組合には様々な種類があります。農業協同組合（農協）や漁業協同組合（漁協）、森林組合、事業協同組合などが日本の代表的な協同組合です。大学によっては大学単位で生協が作られ、学生食堂や書籍販売部門等を運営しています。大学生協の場合、学生が組合員であり、総会で選出された学生も理事となって理事会を組織し、運営（経営）を行っているのです。

➡ 4 厚生労働省社会・援護局「平成21年度消費生活協同組合（連合会）実態調査結果」による。

❗ 不良マッチ追放から始まった主婦連

日本の消費者団体の1つに主婦連合会があります。終戦直後は物不足の時代でした。やっと手に入れた商品も品質が悪く使いものにならいないこともしばしばありました。現在の家庭ではIH電磁調理器など火を使わない調理器も普及し、ガス機器もスイッチ1つで着火できますが、昔のガスコンロはマッチで火をつけなければなりません。したがってマッチは生活の必需品だったのです。ところがマッチ1箱を買っても火がつかない不良マッチがたくさんあったのです。

そこで主婦が大規模な行動を起こしました。1948年9月、「不良マッチ退治主婦大会」です。これをきっかけに同年10月に主婦連合会が結成されました。しゃもじとエプロンをシンボルに、表示と中身が異なる不当表示商品への抗議、物価問題、環境汚染問題、各種訴訟など消費者運動の先頭に立って活動する、消費者団体の草分け的存在となったのです。

主婦連結成・不良マッチ退治運動

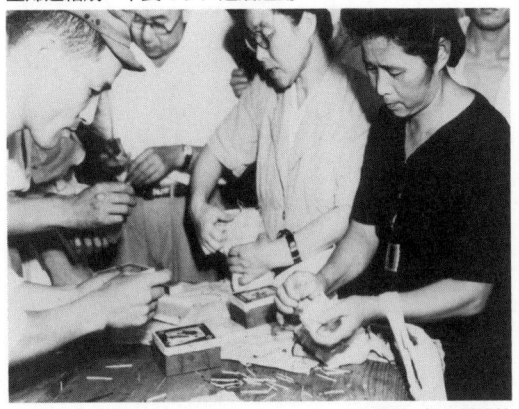

提供：毎日新聞社

は商品テストを自らの手で行い、商品の評価を消費者の視点で行う運動として始まりましたが、近年では、商品のみならず、金融、保険、医療等のサービス分野での情報提供も進んでいます。アメリカ消費者同盟の「コンシューマー・リポーツ」、イギリス消費者協会の「フイッチ？」等の雑誌がこの運動の象徴であり、日本消費者協会も「月刊消費者」の発行によりこのタイプの消費者運動主体として分類できます。

● 告発型消費者運動

1960年代になってアメリカでは欠陥商品が市場に多く出回り、企業に対する消費者の信頼が揺らぎました。そうしたなか、弁護士ラルフ・ネーダーは欠陥自動車を告発した著書『どんなスピードでも車は危険』を公刊しました。これが告発型消費者運動のはじまりとされています。欠陥商品や公害問題に対して企業活動を監視して、問題があれば当該企業を訴訟に訴えるという企業との対決型の消費者運動であり、専門家を取り込んだ一大立法勢力ともなりました。日本では、「矢文」（公開質問状）等を通じて欠陥商品や企業の不正を暴いた日本消費者連盟がこの運動類型の主体と言えます。

4 日本の消費者団体

消費者団体については「消費者の権利・利益の擁護・維持を目的又は活動内容に含み、消費者によって自主的に組織された団体又は消費者のための活動を恒常的に行っている民間団体（企業及事業者団体は除く）」と定義されています（内閣府）。日本にはどのくらいの消費者団体があるのでしょうか。総団体数は2475団体で、都道府県の範囲を超え広範囲に会員がいて活動を行う広域団体は161あります。そのほか、県域団体が363、地域団体が1951となっています。[5]

➡5 内閣府平成20年度消費者団体基本調査（2009年1月）によるものです。本調査では、調査票発送数5646、有効回答率61.8％。

● 日本の消費者団体の数及び会員数

	団体数	会員数（千人）
広域団体	161	16,190
県域団体	363	1,855
地域団体	1,951	2,348
合計	2,475	―

（注1）広域団体：都道府県の範囲を超え、ブロックまたは全国的に会員がいて活動を行う団体。
（注2）県域団体：都道府県のおおむね全域に会員がいて活動を行う団体。
（注3）地域団体：郡、市、区、町、村などを範囲として活動を行う団体。
（注4）会員数は、広域団体・県域団体・地域団体の間で重複することがあるため、単純に合計することはできない。

従来、日本の消費者運動は女性しかも主婦が中心となって活動してきました。しかし、女性の多くが結婚後も仕事を持ち続けている現状のなかで、消費者団体の組織力が落ちているとの指摘があります。また、インターネットの発達で情報発信がしやすくなっている半面、会員が協働してプロジェクトを組んだり、抗議行動をすることが困難になってきています。最近では特定の目的のための消費者運動組織も登場してきています。例えば、ユニカねっと（正式名称：消費者主役の新行政組織実現全国会議）が74の消費者団体を会員として組織し、消費者庁の実現を求めてきました。[6]また、後述の法律上の適格消費者団体になるべく、弁護士が中心となって組織された消費者団体も登

➡6 消費者庁が発足したため、2009年9月30日に活動終了。

場してきています。

5 消費者契約法上の適格消費者団体

　消費者団体は社会的に消費者の権利・利益確保に重要ということに加え、法律上の権利を与えられて一定の役割を果たし始めています。消費者団体訴訟制度です。

　消費者団体訴訟制度とは、消費者全体の利益を擁護するため、一定の要件を満たす消費者団体を内閣総理大臣が「適格消費者団体」として認定して、その団体に消費者契約法に定める事業者の不当な行為（不当な勧誘、不当な契約条項の使用など）に対する差止請求権を認めるものです。2007年6月から改正消費者契約法が施行され、この制度が始まりました。さらに、景品表示法、特定商取引法に定める不当な行為にも適用されることになりました。

　どうしてこのような制度が必要なのでしょうか。今まで個々の消費者は、事後的に被害の救済はなされても、他の消費者は、同じ被害にあう可能性がありました。このような状況を打破するためには、事業者による不当な行為そのものを差止め、多数の消費者の被害の未然防止・拡大防止を図る必要が出てきました。そこで、消費者全体のために、適格消費者団体にその権利を与えようという制度です。2010年10月現在、9つの消費者団体が「適格消費者団体」の認定を受け、11件の訴訟が行われています。

　なお、差止請求権に加え、損害賠償請求権も適格消費者団体に付与すべきという意見が強くあります。現状では個々の被害者が訴訟に訴えて損害を回復することは難しく、その結果、不当に得た収益が違法行為を働いた事業者の懐に残る可能性があり、消費者の被害救済も進まない現状があるからです。

→7　以下の9団体（2010年10月現在、認定順）。消費者機構日本（東京）、NPO法人消費者支援機構関西、社団法人全国消費生活相談員協会（本部東京）、NPO法人京都消費者契約ネットワーク、NPO法人消費者ネット広島、NPO法人ひょうご消費者ネット、NPO法人埼玉消費者被害をなくす会、NPO法人消費者支援ネット北海道、NPOあいち消費者被害防止ネットワーク。

❗ 不買運動の先駆け
　　　——カラーテレビ買い控え運動

　画期的な消費者運動といわれるものの1つに「カラーテレビ買い控え運動」（1970年）があります。全国地域婦人団体連絡協議会（地婦連）が実施した「二重価格表示の実情調査」がきっかけでした。常に割引率が高いものは、定価そのものがおかしいと問題を提起し、メーカーが消費者を無視する姿勢を改め、定価引き下げを行うまで「カラーテレビ1年間買い控え運動」の実施を決めました。この運動は消費者5団体の運動に発展し、一般消費者の支持も得て全国的に広がりました。消費者側は「不当な二重価格解消と実売価格の引き下げ」に大きな成果を収めて71年、「終結宣言」を出しました。

　「二重価格」とか「定価」「小売価格」などを見直すこうした運動は、消費者の自由な選択と小売店の自由な販売を妨げている「再販制度」廃止運動に発展しました。規制緩和の動きもあって「再販制度」は現在では書籍・雑誌、新聞、音楽用CD等のみに残っていますが、地婦連はその全廃を求めて運動を継続中です。

カラーテレビ不買運動　街頭ビラを配って呼びかける消費者団体の主婦たち（1970年）

提供：時事通信社

18 消費者の権利を守る行政の仕組み

1 なぜ行政が必要なのか？

　消費者の権利や利益を守るためには、消費者が自らを組織化した消費者団体による消費者運動が重要であることは前述しました。しかし、いかに消費者の組織化を進めても、今日の経済社会においては、それだけで消費者の権利や利益を擁護できるわけではありません。民法などの私たち個人が身を守るための法律（私法）も用意されています。それを使えばよいと思う人もいるでしょう。まずそのことを考えてみましょう。

　私法とは私人間の権利・義務関係を規定するものです。民法709条の定める不法行為責任は過失により他人の権利・法益を侵害した場合には、その者に損害賠償請求義務があることを定めています[1]。しかし、こうした権利の行使は実際に権利侵害があってはじめて主張することができるのです。当たり前のようですが、重要な点です。同条の特別法として製造物責任法ができ、無過失責任主義を採っていることは本書⓰で述べたとおりですが、これも事故が起きたあとの被害救済の話しであり、事前に危険な商品の製造・販売を止められるわけではありません[2]。消費者の生命・身体の安全を守るため、あるいは重大な権利侵害が予想される分野ではあらかじめ、事業の開始や業務の内容、あるいは不当な行為を規制する社会的な力が必要です。その役目を担っているのが行政なのです。

　例えば、医療行為をだれでも行えるとしたらどうなりますか？　診断ミスで自分の家族が死んでしまったり、未熟な手術で一生の障害を持つようになったら？　不法行為責任を追及して損害賠償金を取れるからそれで十分権利回復される……そう思う人はいないでしょう。特に生命・身体にかかわる問題は権利回復といっても、お金に換算して償ってもらうしかないのです。そこで行政が登場します。医療は生命身体にかかわる重要な行為ですから、医師として必要な知識や技術の基準を定め、それに適合した人だけに医療行為を認めるということを行政が行うことによってその安全を確保することになります。厚生労働省が医師法を所管し、国家試験を実施し、合格した者だけに医師の免許を与え、医療行為を許すという制度です。法的なアドバイスや訴訟業務を行うためには司法試験に合格して一定の研修を受け、弁護士会に登録してはじめて弁護士としてその仕事ができるというのも同様に法務省が所管している弁護士法による施策です。

　こうした施策の手順としては、立法府が法律を作り、まずは本来自由な経済活動を禁止して、それを許す許可権を行政に与え、申請者が行政から許可をもらってはじめてその業務を開始できるといった形になります。また、業務を行う際の業務内容や広告・表示のルールを定め、それを監視し、違法な

→1 民法709条「故意又は過失によって他人の権利又は法律上保護される利益を侵害した者は、これによって生じた損害を賠償する責任を負う。」

→2 もちろん、危険な商品を製造したことで事故が起き、損害賠償の責務を負うということになれば、製造者がより安全な商品を作る動機にはなりますし、製造物責任法はそれも期待して制定されたものです。判断規範としての法律が行為規範にもなるということです。

行為があった場合には処分するということも行政の役割なのです。さらに、消費者が賢い選択をできるようにするための啓発や教育、消費者が被害を受けたときにその救済が十分かつ迅速に行われるようにするための手助けも行政の役割です。

→3 刑事法規に違反する行為があった場合は、犯罪となり行政処分でなく、刑事罰を受けることになります。その場合には検察官による起訴（公訴）により刑事裁判が開かれ、有罪が確定してはじめて処罰されます。

2　規制行政と支援行政

消費者の権利・利益を確保するために一番重要な法律は消費者基本法であるということはすでに述べました。まず、同法の規定を見てみましょう。

消費者基本法24条「行政組織の整備及び行政運営の改善」は、「国及び地方公共団体は、消費者政策の推進につき、総合的見地に立った行政組織の整備及び行政運営の改善に努めなければならない」としています。

現実には行政による消費者問題の未然防止や問題解決のための手段には2つの方法があります。

1つは、情報、交渉力あるいは資金力等において消費者より強い立場にある企業の活動を規制する「規制行政」です。経済産業省や農林水産省などの規制対象となる産業・業界ごとの縦割りで組織されている監督官庁が許認可権等を行使することによってその役割を担ってきました。もう1つは、企業に対して弱い立場の消費者を支援する「支援行政」です。自治体が設置している消費生活センターや国の独立行政法人である国民生活センターが中心となって消費者啓発、苦情処理等によって消費者を支援してきました。しかし、餃子の中毒事故、こんにゃくゼリーによる窒息事故、悪質住宅リフォーム被害など次々に消費者問題が噴出し、行政の対応に批判が集中しました。

規制行政の問題点として、①消費者の権益を守ることを主とした法律が十分ではない、②各省庁に消費者の権益を徹底的に守ろうとする意識がない、③縦割り行政の中で、新たな消費者問題に対する規制権限を持つ官庁がな

● **消費者行政の仕組み**

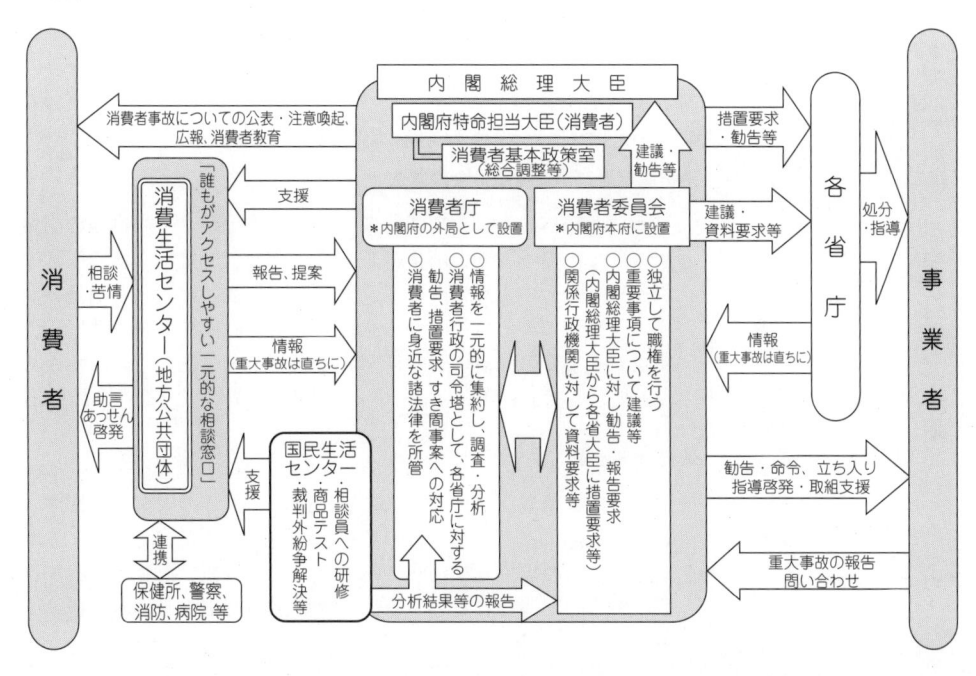

かったり、あるいは1つの問題に複数の官庁が権限を持っていたりして、対応が後手に回りやすいという特徴があります。支援行政の問題点として、①消費生活センターによる被害救済は、消費者行政予算の削減や相談に携わる相談員の研修の不備などにより多発する消費者被害に対応できていない、②若者やお年寄りに対する消費者啓発や教育が予算、人材の不足により十分行われていないといった問題点が指摘されてきました。

3　国の消費者行政

● 消費者庁の設立

従来、消費者行政は内閣府国民生活局が中心となって消費者政策の企画や調整を行い、各省庁がそれぞれの所管のなかで消費者政策を推進してきました。しかし、消費者の権利を守ることを前面に打ち出した省庁は存在していませんでした。そのことが、数多くの消費者問題を発生させてきたという指摘がなされてきました。日本の行政は明治維新以来の産業の保護育成の発想が強く、生産者のほうばかりを見ているという批判です。そうしたなか、2008年1月18日に、福田康夫内閣総理大臣が第169回国会で行った施政方針演説の中で「消費者行政を統一的一元的に推進するための強い権限を持つ新組織」の設立構想を明らかにしたことが発端となり、消費者行政の一元化が大きな政治課題となりました。当時の与党自民党は消費者問題調査会を設置し、福田総理も官邸に消費者行政推進会議を設けて、消費者行政をどのように一元化するかという議論を始めました。結局、消費者の権利・利益に直接結びつく29の法律と関連の行政組織を各省庁から移管して一元化する「消費者庁」構想を表明し、公明党とともに法案化しました。当時野党であった民主党は政府の中に消費者庁を置く与党案に反対し、政府の外で消費者行政を監視し、勧告等を行う消費者権利院法案を提出しました。結局、民主党は権利院法案を取り下げ、与党案をベースとして修正が行われました。

その結果、消費者庁とともにそれとは独立した消費者委員会を設ける修正案が2009年5月29日に可決・成立しました。消費者庁設置のために作られた法律は3本で、消費者庁及び消費者委員会設置法、消費者安全法、消費者庁及び消費者委員会設置法の施行に伴う関係法律の整備に関する法律（関係法律の整備法）です。3法の概要は以下のとおりです。

消費者庁及び消費者委員会設置法

　　消費者基本法第2条の消費者の権利の尊重及びその自立の支援その他の基本理念にのっとり、消費者が安心して安全で豊かな消費生活を営むことができる社会の実現に向けて、消費者の利益の擁護及び増進、商品及び役務の消費者による自主的かつ合理的な選択の確保並びに消費生活に密接に関連する物資の品質の表示に関する事務を一体的に行わせるため、内閣府の外局として消費者庁を設置する。また、内閣府に消費者委員会を設置する。

消費者安全法

　　消費者の消費生活における被害を防止し、その安全を確保するため、内閣総理大臣による基本方針の策定、都道府県及び市町村による消費生活相談等の事務の実施及び消費生活センターの設置、消費者事故等に関する情報の集約等、消費者被害の発生又は拡大の防止のための措置等所要の措置を講ずる。

▶4　**消費者権利院法案**　国民生活と消費者の権利を守り、消費者の視点で行政部局を強力に監視し、いわゆるオンブズパーソン的な役割を担う消費者権利官を中心として、消費者問題に迅速に対応する新たな機関「消費者権利院」の設置を提案するものでした。政府が「内閣府の外局」として提案する消費者庁は、単なる政府の内部部局にすぎず、独立性が担保されていないが、消費者権利院は各省庁から一定の独立性を有する独立する組織となっていると主張しました。地方の消費者センターの人員・予算を国の責任で確保し、国・地方同一組織で事故情報等を一元化することで迅速な対応をめざしました。

なお、オンブズパーソン（ombudsperson）とはスウェーデンで発達した制度。「仲介者」「仲裁者」などの意味がありますが、いずれの党派にも加担しないで、冷静な判定社の役割を果たす人や委員会のことを言います。もともとはオンブズマンと呼ばれましたが男女共同参画の時代になって名称が変わってきました。

関係法律の整備法は、各省庁から29の法律が移管されるのに伴う関連法律の整備のための法律です（消費者庁所管の法律は102頁以下の資料参照）。

　消費者庁を中心とした消費者行政の機構図は85頁の図のとおりです。では、消費庁とはどのような官庁でしょうか？　自民党政権時に内閣官房にできた「消費者行政一元化準備室」では、消費者行政の問題点として「相談窓口がわからない」、「相談してもたらい回し」、「公表がおそい」などを指摘し、「国民が主役となる"国民本位の行政"に大きく転換」し、「地方と政府が連携し、消費者の声が届くネットワークを創る」ことが消費者庁設立の目的であるとしました。そして消費者庁ができることによって、明治以来の産業振興を主役としてきた行政を大転換し、安全・安心な社会をめざし、消費者・生活者を大切にする行政へ変わることを提示しました。そのための機能として、「わかりやすくて親切、頼れる窓口」、「情報が一箇所に集まるので危険情報等の迅速な発信が可能」、「消費者・企業の双方にわかりやすい行政」、「強力な権限で、速やかに被害の拡大を防止」などをあげています。

　2009年9月1日に消費者庁、消費者委員会が発足しましたが、9月16日には民主党政権・鳩山内閣が成立し、社民党党首・福島みずほ氏が消費者行政担当大臣となりました。当時の自民・公明与党が提案した消費者庁法案を批判してきた民主党が政権をとることになり、消費者庁を運営することとなりました。その後、菅直人政権になって国家戦略・消費者行政担当大臣として荒井聡氏が福島大臣の後任となりました。しかし、わずか3カ月で内閣改造が行われ、岡崎トミ子氏が荒井氏の後任となりました。理念どおりに消費者庁が機能しているかは疑問ですし、あれほど消費者庁法案を批判してきた民主党ですが、政権取得後、自らの構想である消費者権利院を実現する気配はありません。今後の動きが注目されます。

❗ 消費者庁設立

「消費者主役の新行政組織実現全国会議（ユニカねっと）」主催のシンポジウム（2008年9月9日）で話す福田康夫首相（当時）

提供：ニッポン消費者新聞

消費者団体の催しに首相が出席するのはきわめて稀であり、福田首相の消費者庁設立への意気込みが感じられる。

消費者庁看板の除幕式に臨んだ野田聖子消費者相（左）と内田俊一・初代長官（ともに当時）。東京・永田町の山王パークタワー5階で（2009年9月1日）

提供：日本消費経済新聞社

● **国民生活センター**

　国の関連機関として独立行政法人国民生活センターがあります。同センターは「国及び地方公共団体の関係機関、消費者団体等と連携し、国民の消費生活に関する情報の収集及び提供、事業者と消費者との間に生じた苦情の処理のあっせん及び当該苦情に係る相談、消費者からの苦情等に関する商品についての試験、検査等及び役務についての調査研究等、消費者に対する啓発及び教育等における中核的な機関として積極的な役割を果たす」（基本法25条）こととなっています。国民生活センターはPIO-NET（パイオネット：全国消費生活情報ネットワーク・システム）を構築して、国民生活センターと全国の消費生活センターをオンラインネットワークで結び、消費生活に関する情報を蓄積・活用しています。また、同センターでは従来より消費者相談を受け付け、消費者苦情の処理のために助言やあっせんなどを行ってきましたが、2009年4月より消費者と事業者との間で起こる紛争のうち、その解決が全国的に重要であるもの（重要消費者紛争）について、紛争解決委員会を設置し、和解を図ったり仲裁を実施し、より強力な裁判外紛争解決手続（ADR）ができるようになりました。

　そのほか、商品による消費者被害の原因究明や宣伝広告でうたわれている効果効能を調べる等の「商品テスト」、消費者啓発資料やホームページによる悪質商法、危険な商品についての情報提供、消費者や自治体の消費者行政職員向研修・消費生活相談員養成講座の開講など広範囲な業務を行っており、国レベルでの支援行政の中核の機能を持っています。

4　自治体の消費者行政

　消費者基本法4条は、「地方公共団体は、第2条の消費者の権利の尊重及びその自立の支援その他の基本理念にのっとり、国の施策に準じて施策を講ずるとともに、当該地域の社会的、経済的状況に応じた消費者政策を推進する責務を有する」としています。

　基本法が定める自治体（地方公共団体）の責務としては、「啓発活動及び教育の推進」（17条）、「苦情処理及び紛争解決の促進」（19条）があります。これらは支援行政の範囲に入るもので、基本法は自治体に規制行政の役割を求めてはいません。

　都道府県・政令指定都市を中心として独自の消費生活条例を持っている自治体がたくさんあります。消費者の権利を明示し、消費者の権利を守るための首長の権限等を定めています。特に悪質な訪問販売業者などによる消費者被害が後をたたないなかで、条例で「不適正な取引行為」といった名称で禁止行為を定め、そうした行為が認められる場合には事情聴取や立ち入り調査を行い、勧告や公表等ができるようになっています。これは規制行政に属する活動です。そのほか、内容表示の適正化（食品の内容についての表示など）、価格表示（美容料金、クリーニング料金の価格表示の義務付けなど）、単位価格表示（ユニット・プライシング）、包装の適正化（「上げ底」包装の規制など）が条例で行われています。また、特定商取引法、景品表示法等は都道府県知事に事業者規制（業務停止命令など）の権限を与えています。

● **消費生活センター**

　全国各地に消費生活センターが設置されています。自治体が設置している

→5 **ADR**　Alternative Dispute Resolutionの略。裁判外での紛争解決手段のことを指します。詳しくは89頁コラム参照。

→6 **消費生活相談員**　国民生活センターや消費生活センターの相談現場で働く専門家（通常、嘱託職員）のこと。「消費生活専門相談員」資格などを取得することによって採用されます。「消費生活専門相談員」の資格は消費生活相談に応じるために一定水準以上の知識と能力を持ち合わせていることを独立行政法人国民生活センターの理事長が認定し、与えるものです。このほか類似の資格として、「消費生活コンサルタント」（㈶日本消費者協会が養成）、「消費生活アドバイザー」（経済産業大臣認定資格として㈶日本産業協会が試験を実施）といった資格があります。

→7 **消費生活条例**　名称は自治体によって異なります。条例とは地方公共団体が国の法律とは別に定める自主法です。地方公共団体は、法律の範囲内で条例を制定することができます（日本国憲法94条）。

→8 **不適正な取引行為**　その内容としては、不当勧誘行為（不実告知・情報提供義務違反等）、不当な取引内容を定める行為、不当な履行強制行為などがあります（東京都の場合）。

→9 **単位価格表示**　商品の販売価格のほかに一定単位当たりの価格を表示することで、①値段の比較がしやすい、②過大・過剰包装の防止、③品質の見極めに役立つといったメリットがあります。これを義務付ける法律はありません。例えば、静岡県消費生活条例は店舗面積が300㎡以上のお店で実施することを義務付けています。小さい店舗では業務が負担になるという考えでしょう。

行政機関です。日本の消費者行政の特徴として消費生活センターが多数設置されているということがありますが、消費者基本法などの法律でその設置義務や機能が明示されているわけではありませんでした。消費者庁設置に伴い制定された消費者安全法の1条は「この法律は、消費者の消費生活における被害を防止し、その安全を確保するため、内閣総理大臣による基本方針の策定について定めるとともに、<u>都道府県及び市町村による消費生活相談等の事務の実施及び消費生活センターの設置</u>、消費者事故等に関する情報の集約等、消費者被害の発生又は拡大の防止のための措置その他の措置を講ずることにより、関係法律による措置と相まって、消費者が安心して安全で豊かな消費生活を営むことができる社会の実現に寄与することを目的とする。」と述べ、自治体における消費生活相談体制整備をうたっています（下線、筆者）。

「啓発活動及び教育の推進」や「苦情処理及び紛争解決の促進」は自治体が設置している消費生活センターの業務の中心です。啓発のための展示や消費者教育のための教材の貸し出し、地域への出前講座などを通じて消費者啓発活動を行ったり、国民生活センターと同様に消費者から直接相談を受け付け、苦情処理、紛争解決を図っています。紛争解決が困難で重大な影響がある案件については「消費者被害救済委員会」といった名称の合議体が設けられ、あっせんや調停を行っている自治体もあります。また、消費者が訴訟を起こす場合の訴訟資金の貸付を行う規定を設けた条例もあります（東京都の場合他）。

また、商品テスト施設を有し、商品による消費者被害の原因究明等を行っています。ただし、近年、消費者行政予算のあおりを受けて、消費生活センターの商品テスト業務は廃止あるいは縮小の傾向にあります。

➡10 **消費生活センター** 都道府県・政令指定都市レベルでは全自治体に、市町村レベルでも数多くのセンターがあります。その数は2009年1月現在、563（都道府県立146、政令指定都市立26、市区町立391）あります。名称は「消費者センター」、「生創造センター」など自治体によって異なります。

❗ 紛争解決の方法

裁判外での紛争の解決（ADR）の方法としては、簡便・非公式なものからより公式的なものへの順で以下のように分類が可能です。

相　談　当事者の言い分等を聞き、必要な情報の提供や権利等の行使にあたってのアドバイス等をすること。

あっせん　当事者間の交渉や話し合いがうまくいくように、第三者が間に入って、とりもち、あるいは世話をすること（合意型）。

調　停　一般に当事者間における紛争の自主的解決のために、第三者が仲介ないし助力すること。ここでは、第三者が手続規定をあらかじめ定め、その解決案を当事者に提示し、それを当事者双方が受け入れる形の解決手段を言います（決定型）。

仲　裁　裁判所ではなく、私人である第三者（仲裁人）の判断に委ねる旨の当事者の合意（仲裁契約）に基づいて行われる解決方法。仲裁契約をいったん結ぶと、紛争は仲裁人によって解決されることになり、当事者は裁判を起こすことができません。仲裁契約にはあらかじめ紛争が起きる前に結んでおく場合と、具体的な紛争が生じてから結ぶ場合があります。

国民生活センターや消費生活センターにおける紛争解決は相談やあっせんが中心です。仲裁は裁判をする権利を奪う側面があるため、消費者契約における安易な利用は好ましくないという批判があり、仲裁法は仲裁契約の解除権を消費者に認めています。

消費生活センターでの相談受付風景

提供：ニッポン消費者新聞

19 賢い消費者になるために
▶消費者の権利と責任の自覚

1 賢い消費者とは？

　クーリング・オフのことはすでに本書で学びました。訪問販売などの一定の要件の契約について書面の交付日から一定期間は消費者が無条件で解約できる制度です。消費者を悪質商法などから守るとても重要な制度です。しかし、ここで考えてみてください。もし悪質商法に騙されて高額の商品を買わされてしまった消費者がクーリング・オフのことを知らなかったらどうなりますか？　法律は武器のようなものです。それ自身が戦ってくれるのではなく、戦う者が使用する武器なのです。その武器が自分のポケットに入っていることを知らなかったら、使いようがありません。クーリング・オフは民事法規のひとつです。つまり、それを使うのは行政ではなく、消費者本人です。したがって、そのことを知らなかったら消費者を守ってはくれないのです。また、その武器の存在は知っていても使い方を知らなかったらこれも役に立ちません。業者にクーリング・オフを申し込んだところ、「この制度は悪質業者にだけ適用される。うちはまじめにやっている業者で、契約書もちゃんと交わしているからクーリング・オフはできない」、そう言われてクーリング・オフをあきらめる消費者もいます。その内容を理解していないために簡単に悪質業者に騙されてしまうのです。すなわち、消費者が権利主体として自らを認識し、権利侵害があった場合はその回復に自らが行動することが求められます。

　また、人気タレントを使って大々的に宣伝している商品が他の企業の商品よりかなり品質が劣っているのに、消費者がその広告に飛びつき、その商品がよく売れているとします。商品の購入は経済的な投票であるとも言われます。選挙では政治家を選びますが、消費者がある企業の商品を購入するということは一票の信任票をその企業に投じたのと同じことです。とすれば、消費者がうわべだけの広告に影響され、品質の良くない商品がよく売れるとすれば、市場では劣悪な商品が出回ることになってしまいます。「賢い消費者」がより良い商品が出回る健全な市場を作り出すということです。[1]

2 学校における消費者教育

　私たち消費者は「賢い消費者」であるべきだということは前述のとおりですが、そのための消費者教育が重要です。消費者の権利のひとつに「消費者教育を受ける権利」があるのもそのためです。

　しかし、皆さんのなかで義務教育あるいは高校で「消費者教育」を受けたと感じる人はあまりいないかもしれません。なぜならば、「消費者教育」という科目はなく、「社会科」や「家庭科」の一部で教えられているにすぎな

→1 「消費者主権」という言葉があります。生産者が何を生産するか、数量や価格をどう決めるかを、消費者が購買という投票で指示することを意味します。しかし現実には、生産者の立場の優位性から、消費者は必ずしも欲望や選考を正しく示しているとは言えず、主権は消費者ではなくむしろ生産者にあるという考え方から、これは消費者運動のスローガンとして用いられることも多くあります。賢い消費者の存在が消費者主権を確立するカギなのです。

いからです。大学でも「消費者教育」という講義があるのはまれです。

　消費者教育の歴史について少しふれておきましょう。1948年の文部省教科書『民主主義』に「消費者の保護」という項目がすでに登場しています。1968年には消費者保護基本法制定され、同12条は、「国は、消費者が自主性をもって健全な消費生活を営むことができでるようにするため、商品及び役務に関する知識の普及及び情報の提供、生活設計に関する知識の普及等消費者に対する啓発活動を推進するとともに、消費生活に関する教育を充実する等必要な施策を講ずるものとする」と定めました。その後、学習指導要領が1969年に改訂されましたが、本格的に学校における消費者教育の重要性が指摘されたのは、1986年に消費者問題を扱う国民生活審議会が教育課程のあり方を審議する文部省教育課程審議会に対し「学校における消費者教育について」の要望書を提出したことです。1989年にはその意向も盛りこんだ学習指導要領が文部省により告示されました。

　1999年にも学習指導要領の改訂が行われました。そこでの眼目は「ゆとり教育」でした。このあおりを受け、家庭科、社会科の消費者教育関連項目が減少してしまうこととなりました。消費者基本法（2004年）では、消費者教育を受ける権利が他の権利規定とともにうたわれているのは前述したとおりです。同法に基づく消費者基本計画の策定においても、消費者政策の基本方針のひとつとして、消費者の自立のための基盤整備が定められ、そのなかで、「消費者が、学校、地域、家庭、職場等の様々な場所で、生涯を通じて消費者教育を受けられる機会の充実を図ることにより、学生や高齢者をはじめ、消費者全体がトラブルを防止するために必要な知識を得ることができるようにする」と明記されました。

　さらに、2008年には小・中学校の、2009年には高等学校の学習指導要領が改訂されました（移行期間を経て完全実施）。消費者基本法の理念や消費者

→2 **学習指導要領**　学習指導要領とは教育課程の基準として文部科学大臣が公示するものです。どのような教科や活動を、どの学年で、どのように教育するかについての基準的事項を、国の立場から示していますので、学校は、教育課程を編成するに際して、地域や学校の実態、児童・生徒の発達と特性を考慮するとともに、学習指導要領に準拠するよう要求されています。おおむね10年で改訂されます。

→3 **消費者基本計画**　消費者基本法においては、政府は、消費者政策の計画的な推進を図るため、消費者基本計画を定めなければならないとされています。2005年4月に5年間の計画が定められました。2010年4月に新たな5カ年の計画が策定されています。

❗ 消費者教育の実践

　座学中心の教育では知識は習得できても知恵は身につかないと言われます。そこで実践教育の重要性が指摘されています。楽しみながら学ぶことも必要です。お年寄り向けには落語で悪質商法の手口を紹介したり、若者には人生ゲームのような「悪質商法対策ゲーム」でクーリング・オフ制度を知ってもらうような取り組みが行われています。日本人ははっきり断ることができない国民と言われています。そこで、訪問販売を受けたときに大きな声で「要りません」と言えるように練習をさせる試みもあります。難しい話をするより、重要なことかもしれません。日本消費者教育学会では学生向けのセミナーを毎年開催し、消費者教育用教材をグループごとに作り、その出来を競っています。

悪質商法対策ゲーム（すごろく式ゲーム）

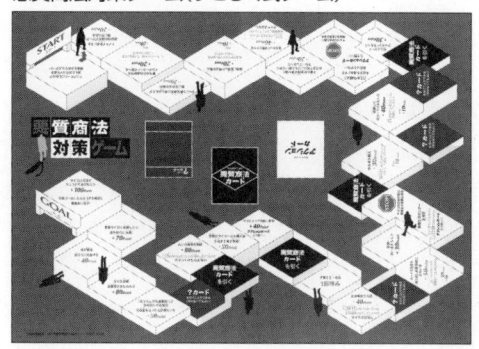

日本消費者教育学会主催「学生セミナー」の様子
（消費者教育の教材作り）

基本計画によって消費者教育を重視する方向性が明らかになったことから、この改訂により学校における消費者教育は強化されてきています。

3　生涯教育としての消費者教育

　学校における消費者教育活動とともに生涯教育、社会人教育も重要です。だれでも消費者ですし、人間は死ぬまで消費者です。かつて化学繊維が発明されて、ナイロンのストッキングが出回った頃、ある消費者苦情が多発しました。ストッキングをアイロンがけしたら溶けてしまったという苦情です。現在では当たり前のことでも新商品が出回った初期の頃は使い方が従来と違い、誤った使い方をするとトラブルになったり場合によっては致命的な被害を受けることもあります。そうしたことはいつの時代でも絶えず起こっています。理科の実験でバーナーに火がつかない場合に生ガスを出しっぱなしにしてしまう子どもがいるといいます。オール電化住宅に住んでいてガス機器というものを知らない子どもがいるからです。従来は当然あると思われていた常識がなくなっている消費者が増えています。

　消費者を騙す商品が巷（ちまた）にあふれています。良い卵の選び方として黄身が濃い黄色であると思っている人は多いですが、実は鶏の餌に黄色の色素をまぜて、卵の黄身を濃い黄色にしている場合があることを知らない主婦も多いでしょう。近年、高齢者をねらった悪徳商法被害も増大しています。

　消費者教育を学校でしっかり行うことは重要ですが、世代をこえて、消費者問題が起こっています。さらに家庭、地域、職域など、学校以外での消費者教育の機会も現代の消費者には必要です。

4　消費者教育の目的

　消費者教育目的は以下の3つに大分類できます。
① 　消費者被害の未然防止（被害者にならない消費者の育成）
　　「消費者は権利主体であるべきとされているが、消費者は被害者として発見された」とも言われます。消費者は悪質商法などの被害にあわないように自らが自らの財産を守ることができる能力を持つことが重要です。事業者の違法行為は刑事法規による処罰や行政による規制行政を通じ是正することが期待されていますが、経済的自由の保障を原則とする現代社会においてそれだけで問題を完全に解決することはできません。まずは消費者自らが被害を未然に防ぐ能力を身につけることが重要です。ただし、そのための努力を消費者個人に押しつけることもできないでしょう。支援行政としての消費者教育の充実が切実な問題となっています。
② 　消費者能力の向上（賢い消費生活を営むことができる消費者の育成）
　　われわれの多くは限られた収入の中からやりくりして支出し、消費生活を営んでいるのですから、日々の商品やサービスの購買行動を適切に行える能力を身につけることが重要です。商品の価値、広告表示の内容を理解し、適切な行動に移すことができる消費者でなければなりません。そのための教育が重要です。しかしそこでは科学教育、金融教育、法教育など広範な関連教育分野と重なる部分も多く、必ずしも消費者教育と概念されない分野も含まれます。理科でも数学でも社会科でも消費者教

育になりえます。重要なことはそこで学んだことを消費者として活用できるかです。

③ 消費者としての主体形成（社会の構成員としての自覚を持ち、責任ある行動ができる消費者の育成）

自らが賢く生活するというだけではなく、社会の構成員として消費行動の結果生じる社会への影響を自覚し、責任ある行動を取れる消費者を育てる必要があります。後述する「消費者の責任」を自覚できる消費者が求められています。市民教育とも言えるでしょう。被害にあわない消費者の育成がいまだ急務の中で、消費者の理想像を示すものです。

5　権利の自覚から責任の自覚へ

戦後の高度経済成長の中で、公害が人々を苦しめました。水俣イタイイタイ病や四日市ぜんそくなどは皆さんもご存知でしょう。工場から排出される有害物を含む汚水や空気が環境を破壊し、人間に悪影響を与えたのです。その反省から公害防止法が整備されてだいぶ水や空気がきれいになりました。しかし、工場からの排水はきれいになったのに家の近くを流れる川の水がきたないことにある住民は気づきました。その元をたどっていくと原因は台所から流される水だったのです。公害は事業者＝加害者、消費者＝被害者という構図で浮かび上がりましたが、人間が生活する過程で出される排水あるいは自動車の排気ガスなどによる環境悪化では、消費者は加害者であり、かつ被害者でもあるのです。そこで、消費者の権利に加え、消費者の責任ということが言われるようになりました。

現在、ゴミの選別収集や自宅や学校における省エネルギー対策が進んでいます。無駄な電気を使わない、車を使わず公共交通機関を使うなどの働きかけにより、二酸化炭素の発生を抑えようとしています。二酸化炭素の増大は

→4　アメリカの小学校では、教室の中に擬似社会を作り、子どもを「ミニ社会の小さな市民」として扱い、選挙などの政治の仕組みや金融、物の売買、サービス業の意義などの経済の仕組みを教える授業も行われています。教科別に各々の事項を教えるのではなく、生活で直面する問題を考えることを通じて、各教科で扱う事項を教える教育が必要ではないでしょうか。

❗ フェアトレード運動

フェアトレード（公平貿易）とは、発展途上国で作られた作物や製品を適正な価格で継続的に取引することによって、生産者の持続的な生活向上を支える仕組みです。フェアトレード運動は、ヨーロッパを中心に1960年代から本格的に広まり、日本でもフェアトレードに取り組む団体やフェアトレード商品を扱うお店が増えてきています。

その方法は、フェアトレードの国際基準を設定し、それを守って輸入された商品にラベルを与えることで、消費者が購買行動を通じてフェアトレードに貢献できるという仕組みです。この運動の中心的役割を果たしてきたオランダでは、消費者の90％がラベルの意味を知っているほどに普及していると言われています。

地球の温暖化を招くからです。

　消費は悪いことではありません。消費行動によって現代人は生きるために必要なものを手に入れています。しかし、必要のない消費、無駄な消費は限られた資源をより早く枯渇させ、環境への悪影響も甚大となります。そこで、「持続可能な発展」、「あるいは持続可能な消費」という言葉が登場し、豊かな社会を次世代につなげていくための方策が検討されているのです。消費者は権利を主張するだけではなく、責任もあるというわけです。

　「消費者の責任」が主張されるのは、環境問題に対してだけではありません。自らの消費行動が企業や社会に影響を与えるという自覚を持つことの重要性が指摘されています。前述のように消費者が合理的な判断ができず、安易な宣伝に乗せられて不良品ばかりを購入し続けていたら、企業は育ちません。賢い消費者が健全な企業を育てるのです。また、消費者という立場には２種類あります。買い手としての消費者と、社会に対して責任を持つ主体としての消費者です。買い手としての消費者は自分が損をしなければよいという考えです。一方、社会に対して責任を持つ消費者ということは自分が手にする商品自体には問題なくてもその商品を作る過程で環境を破壊していないかとか、あるいは最近「フェアトレード」ということが言われていますが、ただ安いということで商品に飛びつくのではなく、生産過程で児童を不当に働かせていないかとか、適正な賃金を労働者に支払ったうえで生産されている商品かなどを見極めたうえで購買行動をとることをも考えるということです。経済主体としての消費者の自覚と責任が求められています。また、消費者として政治的に行動することによって社会の仕組みや法制度を変えていこうとする政治主体としての消費者の自覚も求められています。消費者市民（consumer citizenship）という言葉がこの文脈で使われ始めています。

　世界消費者機構（CI）が８つの消費者の権利をうたっていることはすでに述べましたが、同時に以下の５つの消費者の責任もうたっています。
○批判的意識を持つ責任
○主張し行動する責任
○社会的弱者への配慮責任
○環境への配慮責任
○連帯する責任

　消費者自らが経済秩序を定め、今後の経済社会を創っていくという自覚が必要なのです。

6　消費者教育の体系

　以上のように消費者教育は学校教育、生涯教育の双方を含むものですが、どのような体系になっているのでしょうか。実はその体系化については難しい面があります。教えるべき内容とそれをどの段階で教えるかという問題がありますが、消費者問題は絶えず変化しているからです。2010年1月より消費者庁が「消費者教育ポータルサイト」を本格稼動させました。そこでは「領域」と「ライフステージ」という言葉を使って体系化を試みています。「領域」とは消費者教育においての全体像・体系的関係が見通せるように定義された消費者教育における分野となり、「ライフステージ」とは年齢に伴って変化する生活段階のことを指します。

➡5　sustainable developmentあるいはsustainable consumptionと言われます。

➡6　平成20年版国民生活白書（内閣府発行）では消費者市民社会（consumer citizenship）として扱っています。消費者・生活者の行動を通して、公正な市場、社会的価値の創出、心の豊かさを実現する社会のことです。同白書では、具体例として消費者・生活者による3つの行動に期待を寄せています。食品の安全や企業の社会的責任などへの監視を伴った選択をする「消費者市場行動」、省エネ商品の購入やフェアトレード品の購入などの「社会的価値行動」、ストレスの少ないゆとりある生活を実現しようとする「幸福の追求」です。

「領域」は以下の4つです。

安　　全・・・商品（食品を含む）の安全性に関する情報や商品による事故・危害への適切な対処等について
契約・取引・・・自己の必要性に応じた商品・サービスの選択について、契約の意味・内容を正しく理解して契約・履行を行う、契約のトラブルにあった時の対処等について
情　　報・・・情報通信を適切に活用すること、個人情報にかかわること、知的財産権にかかわること等について
環　　境・・・環境に配慮した商品の選択や使用、廃棄について、環境保全への取り組み等について

「ライフステージ」は以下の5つです。

幼児期・・・保護者のもとでの生活が中心となる就学前までの段階を指します。
児童期・・・身の回りの範囲にある物等を適切に扱うことができる能力の育成が望まれる就学から小学校卒業までの段階を指します。
少年期・・・保護者からの自立意識も芽生えて、個人の主体的な判断のもとで消費生活を実践できる能力の育成が望まれる中学校入学から高等学校を卒業する程度までの段階を指します。
成人期・・・精神的にも経済的にも自立が図られ、職業人として、親として、また市民として様々な立場での責任がかかってくるようになる高等学校卒業以降の大学生・社会人等の段階を指します。
成人期（高齢期）・・・成人期のうち、特に高齢の段階を指します。

以上の4つの領域の教育内容を5つのライフステージの中でいつどのように行うかが模索されています。

❗ 消費者庁「消費者教育ポータルサイト」の「教材検索」

消費者庁では消費者教育についての情報提供を「消費者教育ポータルサイト」で行っています。左記はその『教材検索』のページです。領域、分野、ライフステージ、対象者から項目を選択、あるいはキーワードを入れるとそれにあった教材を探すことができます。消費者教育の範囲は広範なため、教員の養成とともに教材開発、提供が不可欠です。自分自身が困ったり、知りたいことがあるときはぜひ活用してください。

（出所）　消費者庁「消費者教育ポータルサイト」の「教材の検索」ページ

20 企業の責任を考える

1　企業の責務

「good」の複数形である「goods」という英単語は「製品」を意味します。なぜでしょうか？「良い」という言葉とされる「good」のもともとの意味を語源までさかのぼると「適切な、適合した」だそうです。これを複数形の名詞にして「所有物」という意味として使い始め、次第に「製品」という意味になっていったようです。なぜ、所有物が製品という意味になったかというと製品は所有するに適切なもの、適合したもの、つまり所有者にとって効用のあるものだからでしょう。最近、「bad」の複数形「bads」という単語が登場し、「廃棄物」、「不用品」と訳されていることからもうなずけます。ということは企業が生産する商品やサービスは消費者にとって「good」すなわち、良いもの、適したもの、効用のあるものでなければなりません。消費者にとって悪いもの、消費者に適さないもの、効用をもたらさないものは生産、販売してはならない、それが企業の消費者に対する責任の基本です。

日本では、水俣イタイイタイ病や四日市喘息など企業の排出した有害物質による公害病や、森永ヒ素ミルク事件、カネミ油症事件など有害商品による住民・消費者の健康被害が高度経済成長期に相次ぎました。それを受けて数々の公害規制法や消費者安全のための法律が整備されていますが、エレベーターの戸開走行による高校生の死亡事故や瞬間湯沸器による一酸化炭素中毒事故など消費者被害は後をたちません。

消費者基本法は、第5条で、「事業者は、第2条の消費者の権利の尊重及びその自立の支援その他の基本理念にかんがみ、その供給する商品及び役務について、次に掲げる責務を有する。」として、以下の5つをあげています。

① 消費者の安全及び消費者との取引における公正を確保すること。
② 消費者に対し必要な情報を明確かつ平易に提供すること。
③ 消費者との取引に際して、消費者の知識、経験及び財産の状況等に配慮すること。
④ 消費者との間に生じた苦情を適切かつ迅速に処理するために必要な体制の整備等に努め、当該苦情を適切に処理すること。
⑤ 国又は地方公共団体が実施する消費者政策に協力すること。

消費者の権利についてすでに学びました。「安全である権利」、「知らされる権利」、「選ぶ権利」、「意見を聞かれる権利」の4つの権利が基本です。上記の①は「安全である権利」、②は「知らされる権利」を守る義務を示していると考えられます。

③は特に近年になって主張されてきた考えです。市民法の原則によれば、

→1　**森永ヒ素ミルク事件**　1955（昭和30）年にヒ素（砒素）の混入した森永乳業製の粉ミルクを飲用した乳幼児に多数の死者、中毒患者を出した中毒の事件。製品が新鮮に見えるようにする目的で赤ちゃん用粉ミルクに添加した第二燐酸ソーダに猛毒のヒ素が混入していたために起きました。

→2　**カネミ油症事件**　1968（昭和43）年に、カネミ倉庫が作った食用油にダイオキシンが混入しており、それを食用した消費者に障害が発生した事件。食用油の製造過程で、脱臭のために熱媒体として使用されていたPCB（ポリ塩化ビフェニル）が配管作業ミスで配管部から漏れて混入し、これが加熱されて猛毒のダイオキシンに変化しました。

取引が当事者の自由意思に基づいて行われた場合、結果としてそれによって不利益を被ることがあるとしても、それは甘受しなければなりません。市民法は私的自治、意思自治、契約自由といった考えを基本とし、当事者を拘束するのはその当事者の自由な意思であり、いったん自由な意思に基づいて契約を締結した後は、契約の拘束力から一方的に逃れることはできないことを基本原則としているからです。これは契約当事者が対等であるとの想定のもとで生まれてきた考えです。しかし、現代社会における労務契約や消費者契約において当事者たる企業と労働者あるいは消費者はもはや対等な関係にあるとは言えず、立場の互換性は失われています。そのような状況になった現代社会において、売買契約における「買主よ、注意せよ」の原則が「売主よ、注意せよ」の原則へ転換されてきていることを③は明らかにしています。「買主よ、注意せよ」とは、売主が虚偽のことを言ったり、欺罔行為を働くのはよくないが、商品の品質・内容を積極的に説明・開示する必要はなく、不良品をつかませられないように買主のほうで用心しろという意味です。しかし、売り手が法人となり、巨大化し、技術革新により大量生産・大量消費が可能となった今日、売り手たる事業者と消費者との間の情報・知識の差が顕著になり、売り手に商品の品質・内容・取引条件について積極的な説明義務や開示義務を課すという考え方、すなわち「売主よ、注意せよ」が法理として認められるようになってきました。いわゆる「適合性原則」という考え方です。④は事業者自らの努力による紛争解決を、⑤は企業の消費者政策に対する努力義務を示したものです。

また、消費者基本法第5条2項は「事業者は、その供給する商品及び役務に関し環境の保全に配慮するとともに、当該商品及び役務について品質等を向上させ、その事業活動に関し自らが遵守すべき基準を作成すること等により消費者の信頼を確保するよう努めなければならない。」と述べていますが、

➡3 ラテン語が語源で「caveat emptor」(let the buyer beware) から「caveat venditor」(let the seller beware) へという考え。

➡4 金融分野で進展が見られる考えで、例えば、金融商品取引法においては顧客の知識、経験、財産状況及び投資目的に照らして不適当と認められる勧誘を禁止しています。

● 企業の「消費者対応部門」の進化度合いをチェックするためのマトリックス（ACAP作成：一部抜粋）

消費者対応部門の機能	判断の基準				管理方向および指標となる評価項目（キーワード）
	第一段階（初級レベル）	第二段階（中級レベル）	第三段階（上級レベル）	第四段階（最上級レベル）	
苦情・相談・問い合わせ対応 ①苦情を受け、対応する ②相談・問い合わせを受け、対応する ③個人情報を保護する ④要望・提案等への対応	・消費者窓口専任（または兼務）担当者が配置され、迅速で、統一性のある対応が出来ている。 ・苦情・相談・問い合わせの申し出先や申し出の方法が容易にわかるようになっている。 ・主にOJTで担当者に研修を行っている。	・専任担当者が共通マニュアルに基づき、迅速かつ社会的公平性・透明性・応答性を持った対応が出来ている。 ・研修体系が出来ている。 ・Eメール（ホームページ上）でも受付を行い、迅速に対応出来ている。	・各担当者に対応への権限が与えられており、顧客が満足でき、リピーターにつながる対応が出来ている。 ・外国語での申し出にも対応出来ている。 ・アクセシビリティ（視覚、聴覚障害者、外国人など）にも配慮した対応が出来ている。 ・定期的に対応の監査、評価を行っている。	・トップ（経営層）の方針に基づき、担当者の教育訓練も含め必要な経営資源を投下し、よりよい消費者対応が出来るよう継続的に改善を図っている。	・フリーダイヤル導入 ・電話応答率 ・対応時間帯 ・問い合わせに対するお客様対応品質評価（ありがとうコール） ・お待たせ時間減少 ・対応トークや事例集の定期的見直しと効果的教育 ・公平性、透明性、申し出の容易性、迅速、親切丁寧な対応
情報収集整理 ①消費者情報（相談・苦情等）についてのとらえ方 ②消費者情報（相談・苦情等）の入力および集計 ③対応結果の把握・分析	・相談、苦情を一過性の情報ととらえている。 ・特に重要と思われる一部の消費者情報を記録し、集計している。	・相談、苦情の一部を有益な情報としてとらえ、対応結果を把握して分析を行っている。 ・相談、苦情情報を記録し、システム上に集計し、継続として統計をとっている。	・すべての相談、苦情を有益な情報としてとらえ、システム上に集計し、数値や対応結果の内容を継続的に把握し、分析を行い関連部署に情報提供している。	・トップ（経営層）の方針に基づき、消費者からの情報を社内で有効に活用させるよう常に働きかけている。	・難苦情解決事例の蓄積、対応方針 ・顧客情報システムの活用
消費者への情報提供 ①ホームページの活用 ②啓発資料の作成・配布 ③アクセシビリティへの配慮	・商品やホームページを通じ、消費者への商品、サービスに関する情報提供が出来ている。	・ホームページ上に、相談内容のFAQが掲載されており、消費者が自身で問題を解決することが可能になっている（セルフソリューションの促進が出来ている）。 ・啓発資料を作成し、消費者や消費生活センター等の関連団体へ配布している。	・ホームページ上に相談室の専用コーナーがあり、かつ見つけやすい状態になっている。 ・消費者からの声に基づく、改善等の情報を公開している。	・啓発資料を定期的に見直しながら継続して配布している。 ・外国語での情報提供を行っている。 ・アクセシビリティに配慮した情報提供を行っている（音声読み上げのHP、拡大文字、展示の資料作成など）。 ・クレームに対する対応方針、対応方法を開示している。 ・不利益情報を提供している。	・能動的な情報提供活動 ・問い合わせ時のプラスワン情報（代替案など）提供 ・高頻度問い合わせ削減 ・個人情報の保護方針の策定と明示

これは事業者の環境対応義務と、自主規制分野での信頼性確保の努力義務を示したものと言えます。

2　企業の消費者対応

最近はフリーダイヤルを設けて、消費者からの相談や苦情を受け付ける企業が多くなりました。巨大企業になるとたくさんの部署があり、消費者はどこに電話してよいのかわかりません。また電話がたらい回しされることもよくあります。そこで、お客様相談室などの名称で顧客からの苦情の解決と必要な部署への情報伝達を行う組織が設けられるようになってきています。

企業の消費者対応部門に働く人たちで組織する「消費者関連専門家会議」（ACAP）[5]では以下のような宣言を出しています。

● 宣言　21世紀における消費者対応部門のあり方

　企業を取り巻く環境は、今、大きく変化しています。この激動の時代にあって、消費者の声に耳を傾けずして企業の生き残る道はありません。

　企業の消費者対応部門は消費者の訴えに適切に対応すると同時に、その声を経営に反映させる必要があります。

　消費者対応部門の積極的かつ迅速・公平な活動こそ、企業に繁栄をもたらし、消費者の信頼を構築しより良き社会の建設に寄与することにほかなりません。

　そのため、私たち消費者対応部門は、以下の通り宣言し、その実現に努めます。

第1条　私たち消費者対応部門は、消費者からの相談・苦情に迅速かつ公正に対応し、消費者満足を高めるために努力します。

第2条　私たち消費者対応部門は、消費者の声を企業内に的確に伝達し、製品やサービスの改善に活かします。

第3条　私たち消費者対応部門は、社会の動きを敏感に察知し、トップや社内関係部門に情報を提供します。

第4条　私たち消費者対応部門は、消費者対応は企業存立の根幹と認識し、経営戦略の一翼を担うべく研鑽に努めます。

第5条　私たち消費者対応部門は、企業が社会の期待や信頼に応えるべく行動するよう、働きかけていきます。

この宣言にあるように企業はより良き社会の建設に寄与する存在であり、そのためには消費者の声に謙虚に耳を傾け、それを経営に反映させなればなりません。

消費者苦情の社会的意義については米国TARP社のジョン・グッドマンの調査理論が有名です。グッドマンは商品に対する消費者の苦情についての調査を行ったところ、以下のような結果になったのです。[6]

○消費者苦情の解決に満足した顧客は、苦情を申し立てない顧客よりかなり再購入率が高い（詳しくは99頁のコラム参照）。

○苦情処理に不満を抱いた顧客の非難は、満足した顧客の賞賛よりも2倍の人に伝わる。

すなわち、消費者苦情の解決はその消費者の不満を除くというだけではなく、苦情の満足な解決によってその消費者を企業の支持者にすることができるということを意味します。また消費者苦情を重要な情報として捉え、商品やサービス改善に役立たせることも重要です。

[5] お客様相談室など企業の消費者関連部門の責任者・担当者等で組織する消費者庁所管の特例民法法人。米国のSOCAP（Society of Consumer Affairs Professionals）をモデルとして作られました。企業と消費者の架け橋として活動しています。

[6] John Goodman, "Basic Facts on Customer Complaint Behavior and the Impact of Service on the Bottom Line", *Competitive Advantage*, June 1999, pp. 1-5.

3 自主規制

自主規制とは、個別企業や業界単位で安全基準を定めたり、行為準則を定めたり、モデル契約書を定めたりすることです。規制緩和策が推進される一方で、安全確保や取引の公正化・効率化を図るために、事業者自身による自己点検や公正な第三者による検査等が推進されようとしています。消費者基本法第5条2項は、「事業者は、その供給する商品及び役務に関し環境の保全に配慮するとともに、当該商品及び役務について品質等を向上させ、その事業活動に関し自らが遵守すべき基準を作成すること等により消費者の信頼を確保するよう努めなければならない。」としています。事業者団体についても、同法第6条が、「事業者団体は、事業者の自主的な取組を尊重しつつ、事業者と消費者との間に生じた苦情の処理の体制の整備、事業者自らがその事業活動に関し遵守すべき基準の作成の支援その他の消費者の信頼を確保するための自主的な活動に努めるものとする。」と規定しています。

自主規制は、国家や自治体が定めた法令や規則ではないので、国家権力をバックにした強制力はなく、自主的に遵守されることによって実現されるルール（規範）です。とはいえ、完全に企業や個人の恣意にゆだねられたものではなく、それを遵守することによって利益を得たり、遵守しないと経済的不利益を受けたり、社会的批判を被るようなルールであり、行動規範（コード）や規格・基準（スタンダード）の策定とその遵守が自主規制に含まれます。自主規制には、法規に基づくもの、行政指導に基づいて行われるもの、自発的に行われているものなどがあります。

例えば通信販売については、特定商取引法ではクーリング・オフ規定を売手に義務付けていませんが、日本通信販売協会（JADMA）は消費者の手元に商品が届いてから10日位の返品制度を設けることを定めた自主規制を

→7 **事業者団体** ○○業協会といった名称の同一業種の事業者で組織する団体を言います。業界の利益団体としての側面がありますが、健全な事業活動を推進しているところもたくさんあります。
日本広告審査機構（JARO）は広告の健全化を目指して広告代理店が中心となって組織する業界横断的事業者団体です。
事業者団体が行うADR（裁判外紛争解決、89頁コラム参照）もあります。社団法人日本損害保険協会の損害保険調停委員会、社団法人生命保険協会の生命保険相談所・裁定審査会、家電製品、医薬品、自動車などの製品関連事業者団体がそれぞれ作っているPLセンター（製造物責任センター）などです。

→8 法規に基づいた自主規制としては旅行業標準約款や公正競争規約があります。公正競争規約は景品表示法第12条の規定に基づき、事業者または事業者団体が、景品類または表示に関する事項について、公正取引委員会と消費者庁の認定を受けて、公正な競争を確保するために制定する自主規制ルールです。

❗ 商品に不満を持った消費者の再購入率

右図はジョン・グッドマンによる調査の結果です。商品への不満が直ちに解決された場、不満が解決された場合、不満が解決しない場合、不満を表明しない場合について問題の発生による損失が1ドル～5ドルだったときと、100ドル以上だったときのその消費者の同じ売主からの商品の再購入率を比較したものです。

興味深いのは不満を表明しない消費者が著しく再購入率が低いということです。消費者の不満の表明は企業がその消費者を自社製品の愛顧者にする最大のチャンスかもしれません。

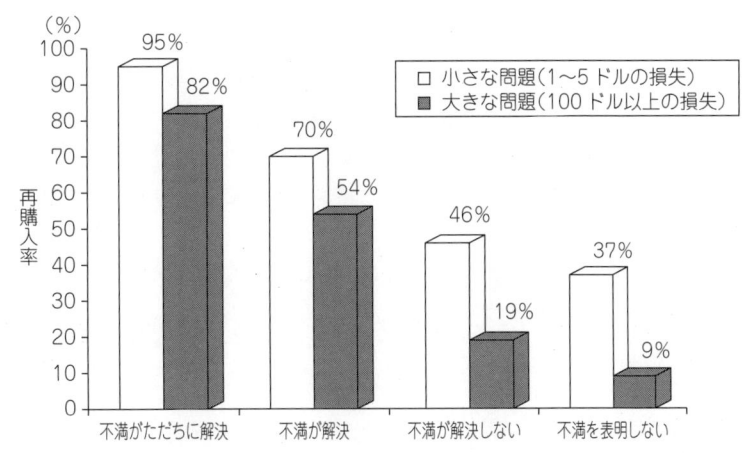

	小さな問題(1～5ドルの損失)	大きな問題(100ドル以上の損失)
不満がただちに解決	95%	82%
不満が解決	70%	54%
不満が解決しない	46%	19%
不満を表明しない	37%	9%

（出所）　John Goodman, "Basic Facts on Customer Complaint Behavior and the Impact of Service on the Bottom Line", *Competitive Advantage*, June 1999.）

行っています。

　商品やサービスが国境を越えて提供されることが当たり前の今日、国ごとの基準が異なるのでは不都合が生じてきます。しかしながら、各国の基準を国際的に統一するのは容易ではありません。そうしたなか、民間団体が基準を定め、自主規制の形で各企業がそれを採用し、宣言することが行われるようになってきました。その典型がISOです。

　ISO（発音はアイエスオーあるいはイソ）は国際標準化機構（International Organization for Standardization）のことですが、同時に同機構が作成した国際基準そのものを一般にISOと呼びます。電気分野を除く工業分野の国際的な標準である国際規格を策定するための民間の非政府組織で本部はスイスのジュネーブにあります。ねじ、写真フィルムの感度のように工業製品そのものの国際規格が中心でしたが、以下のように組織の管理の仕組みに対する規格が登場しています。

- ISO9000シリーズ

　品質マネジメントシステム関係の規格群。主としてISO9001のことを指します。製品やサービスの品質保証を通じて顧客や市場のニーズに応えるための品質マネジメントシステムを定めています。

- ISO10002

　組織が備えるべき苦情対応プロセスを定めた国際規格です。苦情情報を蓄積、分析、フィードバックして、問題の是正を図ることに加え、計画（Plan）−実施（Do）−確認（Check）−見直し（Act）のいわゆるPDCAサイクルをまわすことで、商品・サービスおよび苦情対応プロセス自体の継続的な改善を行うことをめざす、顧客満足の向上のためのマネジメントシステムを定めています。[9]

- ISO14000シリーズ

　環境マネジメントシステムに関する規格群。主としてISO14001のことを指します。組織（企業、各種団体など）の活動・製品及びサービスによって生じる環境への影響を持続的に改善するためのシステムについて定めています。

- ISO26000

　企業に限らず組織の「社会的責任」（Social Responsibility）に関する規格で2010年11月1日に発行が見込まれているものです。政府、産業界、労働界、消費者団体その他のステークホルダーによる協議の積み上げによる作成プロセスをとり、作業が進められています。人権、労働慣行、環境、公正な事業活動、消費者課題、コミュニティ参画と社会開発などの内容が含まれる予定です。

　なお、ISOはJISにも取り入れられるようになってきています。[10]

4　コンプライアンス経営とCSR（企業の社会的責任）

　最近、コンプライアンス経営という言葉をよく耳にするようになりました。コンプライアンス（compliance）は一般に「法令遵守」と訳されていますが、法令を遵守した企業経営は当たり前のことなので、コンプライアンス経営という場合は守られるべき企業倫理や行動規範なども含んだルールを遵守した経営を指します。コンプライアンス経営についての関心が高まっている背景として、とりわけ消費者との取引における不祥事の続発から、消費者視点の

---

[9] ISO10002（品質マネジメント—顧客満足—組織における苦情対応のための指針）に関連して、ISO10001（品質マネジメント—顧客満足—組織における行動規範に関する指針）、ISO10003（品質マネジメント—顧客満足—組織外紛争解決システムに関する指針）も発行されています。

[10] JIS＝日本工業規格（Japanese Industrial Standard）　工業標準化法に基づく日本国内で通用する工業分野の標準規格です。JIS規格をISO規格に合わせる動きがあります。ISO規格を翻訳してJISとするもの、ISOから日本の事情に合わせて部分的に採用するものなどがあります。

経営によって消費者との信頼関係の構築が要請されるようになってきたことがあると言えます。

類似の概念として、CSR（Corporate Social Responsibility：企業の社会的責任）という言葉もあります。企業が利益を追求するだけでなく、企業の活動が社会へ与える影響に責任を持ち、あらゆるステークホルダー（消費者、従業員、株主、近隣住民、下請け業者等、及社会全体）からの要求に対して適切な意思決定をすることを指します。消費者市民という言葉については前述しましたが、企業市民（corporate citizen）として企業は社会全体への奉仕者になるべきという考え方です。

コーポレートガバナンス（corporate governance）という言葉も聞かれるようになってきました。コーポレートガバナンスとは、直訳すれば「企業統治」を指します。その目的は、企業不祥事を防ぐということと、企業の収益力を強化することという2点にあるとされています。企業をどのように経営（統治）していけばそれが実現されるのかが問題ですが、最近議論となっているには、「企業はだれのものか」という視点です。「経済的な所有権」という意味では、企業は明らかに株主のものということになります。しかし「企業価値の共有者」という見地に立てば、従業員、顧客、取引先、債権者など、広範な会社のステークホルダーが含まれます。したがって、狭い意味では、株主を重視した経営が行われているか、株主から委託された保有資産の活用に万全を期しているかということになりますが、広い意味では、企業価値を高め、ステークホルダーに貢献できる経営を行うための社内の仕組み作りということになるでしょう。

❗ 企業とステークホルダー

ステークホルダー（stakeholders）とは、直訳すれば、杭の所有者。利害関係人のこと。語源的には権利を主張するために使われた杭、あるいは三脚椅子の脚を意味します。例えば、顧客、従業員、株主からなる「三脚椅子」のバランスをとることが経営者の仕事であるといった主張がなされてきました。

2005年4月に起きたJR西日本福知山線の列車脱線事故では同社の運転手ら2名が事故にあった列車に乗車していながら、現場を離れ、通常業務に戻ったことが明らかとなっています。一方、現場近くの日本スピンドル製造㈱の工場では、全社で救助に当たることを決断し、150名の従業員を緊急招集しました。この違いは何でしょうか？ 人間として行うべきことを企業が組織として行うことができるかが問われています。

考慮すべき対象は人間だけではありません。人間が作った道路が森を分断し、動物が移動できないとか、道路のU字溝（排水溝）に昆虫や小動物が落ちると這い上がれず死んでしまうことに人類が注目して、対策を講じてはじめたのはごく最近です。考えなければならないことはたくさんあるのです。

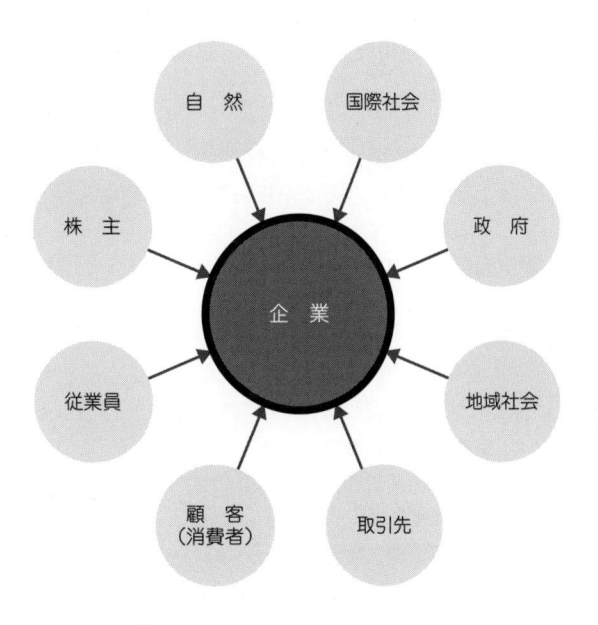

企業を中心に、自然・国際社会・政府・地域社会・取引先・顧客（消費者）・従業員・株主が取り囲む図

資 料 ▶消費者法一覧

- ■■■ は消費者庁所管の法律を示しています。
- ここでの記述はあくまでも筆者の判断によります。法律の目的、内容には多岐にわたるものもありますが、いずれかに分類してあります。しかし、重複して示す必要がある場合は、2回目の記述で法律名を（）に入れています。行政法規については監督官庁を記してあります。民事法については【民事法】、刑事法については【刑事法】と記しました。法律名に略称が一般的に使われている場合は、それを（）内に示しました。

● 包括的な法
- 消費者基本法（消費者庁）
- 消費者安全法（消費者庁）

● 安全性の確保（消費者基本法11条）
総合的な安全性の確保
- 製造物責任法【民事法】（消費者庁）

食品等
- 食品安全基本法（消費者庁・内閣府）
- 食品衛生法（消費者庁・厚労省）
- 農薬取締法（農水省）
- 飼料の安全性の確保及び品質の改善に関する法律（農水省）
- 流通食品への毒物の混入等の防止等に関する特別措置法（農水省）
- 食鳥処理の事業の規制及び食鳥検査に関する法律（厚労省）

医薬品等
- 薬事法（厚労省）
- 化学物質の審査及び製造等の規制に関する法律（厚労省・経産省・環境省）
- 毒物及び劇物取締法（厚労省）
- 廃棄物の処理及び清掃に関する法律（環境省）
- 医薬品副作用被害救済・研究振興調査機構法（厚労省）

家庭用品等
- 消費生活用製品安全法（消費者庁・経産省）
- 有害物質を含有する家庭用品の規制に関する法律（消費者庁・厚労省）

電気用品・ガス用品等
- 電気用品安全法（経産省）
- 電気事業法（資源エネルギー庁）
- ガス事業法（経産省）
- 液化ガスの保安の確保及び取引の適正化に関する法律（経産省）
- 特定ガス消費機器の設置工事の監督に関する法律（経産省）
- 火薬類取締法（経産省）

自動車・鉄道等
- 道路運送車両法（国交省）
- 道路運送法（国交省）
- 鉄道営業法（国交省）
- 鉄道事業法（国交省）
- タクシー業務適正化臨時措置法（国交省）

建築物・旅館等
- 建築基準法（国交省）
- 消防法（総務省消防庁）
- 旅館業法（国交省）
- 国際観光ホテル整備法（国交省）

● 消費者契約の適正化等（消費者基本法12条）
総括的なルール
- 消費者契約法【民事法】（団体訴訟制度については消費者庁）
- 組織的な犯罪の処罰及び犯罪収益の規制等に関する法律（組織犯罪処罰法）【刑事法】

訪問販売・割賦販売等
- 特定商取引に関する法律（特定商取引法）（消費者庁・経産省）
- 割賦販売法（消費者庁・経産省）
- 無限連鎖講の防止に関する法律【刑事法】（消費者庁）

旅行及び運送契約等
- 旅行業法（消費者庁・国交省）

金融商品等
- 利息制限法（金融庁）
- 出資の受入れ、預かり金及び金利等の取締りに関する法律【刑事法】（消費者庁）
- 貸金業法（消費者庁・金融庁）
- 金融商品の販売等に関する法律（金融商品販売法）（消費者庁・金融庁）
- 金融商品取引法（金融庁）
- 偽造カード等及び盗難カード等を用いて行なわれる不正な機械式預貯金払戻し等からの預貯金者の保護等に関する法律（預金者保護法）【民事法】
- 保険法（金融庁）

保険業法（金融庁）
　　簡易生命保険法（総務省）
　　銀行法（金融庁）
　　貸付信託法（金融庁）
　　預金保険法（金融庁）
　　投資信託及び投資法人に関する法律（金融庁）
　　商品取引所法（農水省・経産省）
　　海外商品市場における先物取引の受託等に関する法律（経産省）
　　特定商品等の預託等取引契約に関する法律（消費者庁）
　　抵当証券業の規制等に関する法律（金融庁）
　　前払い式証票の規制等に関する法律（金融庁）
　　ゴルフ場等に係る会員契約の適正化に関する法律（経産省）

電子商取引等
　　特定電子メールの送信の適正化等に関する法律（消費者庁・総務省）
　　電子消費者契約及び電子承諾通知に関する民法の特例に関する法律（電子契約法）【民事法】（消費者庁・経産省）
　　特定電気通信役務提供者の損害賠償責任の制限及び発信者情報の開示に関する法律（プロバイダ責任制限法）（総務省・経産省）
　　高度情報通信ネットワーク社会形成基本法（ＩＴ基本法）（内閣官房）
　　電子署名及び認証業務に関する法律（電子署名法）（総務省、経産省、法務省）
　　書面の交付等に関する情報通信の技術の利用のための関係法律の整備に関する法律（ＩＴ書面一括法）（経産省）
　　インターネット異性紹介事業を利用して児童を誘引する行為の規制等に関する法律（出会い系サイト規制法）【刑事法】
　　不正アクセス行為の禁止等に関する法律（刑事法）

住宅・不動産取引等
　　建設業法（国交省）
　　宅地建物取引業法（消費者庁・国交省）
　　不動産登記法（法務省）
　　建物の区分所有等に関する法律【民事法】
　　借地借家法【民事法】
　　住宅の品質確保の促進等に関する法律（消費者庁・国交省）
　　マンションの管理の適正化の推進に関する法律（国交省）

● **計量・規格・広告その他の表示の適正化**（消費者基本法13条、14条、15条）
　　計量法（経産省）
　　商標法（特許庁）
　　＜食品等＞
　　農林物資の規格化及び品質表示の適正化に関する法律（JAS法）（消費者庁・農水省）
　　健康増進法（消費者庁・厚労省）
　　＜家庭用品法＞
　　工業標準化法（経産省）昭和24年法律第185号
　　家庭用品品質表示法（消費者庁）
　　エネルギーの使用の合理化に関する法律（経産省資源エネルギー庁）
　　＜石油＞
　　揮発油等の品質の確保等に関する法律（経産省エネルギー庁）
　　＜電気通信機器＞
　　電波法（総務省）
　　電気通信事業法（総務省）
　　米穀等の取引等に係る情報の記録及び産地情報の伝達に関する法律（米トレーサビリティ法）（消費者庁・農水省）

● **公正自由な競争の促進等**（消費者基本法16条）
　　私的独占の禁止及び公正取引の確保に関する法律（独禁法）（公取委）
　　不当景品類及び不当表示防止法（景表法）（消費者庁）
　　不正競争防止法（経産省）

- ● 啓発活動及び教育の推進（消費者基本法17条）
  - 独立行政法人国民生活センター法（消費者庁）
  - 学校教育法（文科省）
  - 社会教育法（文科省）
  - 消費生活協同組合法（厚労省）
  - 食育基本法（農水省）

- ● 意見の反映及び透明性の確保（消費者基本法18条）
  - 消費者の意見の反映（行政に対する消費者の申し出規定がある法律）
    - （私的独占の禁止及び公正取引の確保に関する法律）（独禁法）（公取委）
    - 特定商取引に関する法律（特定商取引法）（消費者庁・経産省）
    - （工業標準化法）（経産省）
    - （農林物資の規格化及び品質表示の適正化に関する法律）（JAS法）（消費者庁・農水省）
    - （ガス事業法）（経産省）
    - （家庭用品品質表示法）（消費者庁・経産省）
    - （消費生活用製品安全法）（消費者庁・経産省）
  - 透明性の確保
    - 情報公開法（総務省）
    - 公益通報者保護法（消費者庁）

- ● 苦情処理及び紛争解決の促進（消費者基本法19条）
  - （消費者基本法）（消費者庁）
  - （独立行政法人国民生活センター法）（消費者庁）
  - 裁判外紛争解決手続きの利用の促進に関する法律（ADR基本法）（法務省）

- ● その他
  - 環境の保全への配慮（消費者基本法22条）
    - 環境基本法（環境省）
    - 環境型社会形成推進基本法（環境省）
    - 資源の有効な利用の促進に関する法律（環境省）
    - 廃棄物の処理及び清掃に関する法律（厚労省）
    - エネルギーの使用の合理化に関する法律（経産省）
    - 再生資源の利用の促進に関する法律（経産省）
    - 容器包装に係わる分別収集及び再商品化の促進等に関する法律（経産省）
    - 特定家庭用機器再商品化法（経産省）
    - 地球温暖化対策の推進に関する法律（環境省）
    - 容器包装に係る分別収集及び再商品化の促進等に関する法律（容器包装リサイクル法）（環境省）
    - 特定家庭用機器再商品化法（家電リサイクル法）（経産省）
    - 建設工事に係る資材の再資源化等に関する法律（建設リサイクル法）（国交省）
    - 食品循環資源の再生利用等の促進に関する法律（食品リサイクル法）（農水省）
    - 使用済自動車の再資源化等に関する法律（自動車リサイクル法）（経産省・環境省）
    - 国等による環境物品等の調達の推進等に関する法律（グリーン購入法）（環境省）
  - 個人情報保護
    - 個人情報の保護に関する法律（消費者庁）
  - 価格・需給の調整
    - 生活関連物資等の買占め及び売惜しみに対する緊急措置に関する法律（消費者庁）
    - 国民生活安定緊急措置法（消費者庁）
    - 石油需給適正化法（資源エネルギー庁）
    - 物価統制令（消費者庁）
  - 消費者の組織化
    - 特定非営利活動促進法（NPO法）（内閣府）

〈18歳から〉シリーズ はじまる

大学の新入生を対象に、高校までの"勉強"とはひと味ちがう"学問"のおもしろさを感じてもらうための入門書シリーズです。18歳の目線でとらえた具体的な事象からひもとき、各科目の基礎となるエッセンスを解説しています。学問の世界への第一歩としてだけでなく、教養書としても最適の書です。

＊B5判・カバー巻・100〜120頁・2310円

18歳からはじめる憲法	水島朝穂 著
18歳からはじめる民法	潮見佳男・中田邦博・松岡久和 編
18歳から考える消費者と法	坂東俊矢・細川幸一 著
18歳から考える日本の政治	五十嵐仁 著

杉浦市郎編〔HBB＋〕
新・消費者法 これだけは
四六判・260頁・2730円

消費者庁の創設をはじめ、めまぐるしく変化する消費者法制をふまえ、これだけは知っておきたい基本事項と救済手段を体系的に概説した最新版。本文で具体的事例をもとに法律の趣旨を説明、資料編で主要法律条文を掲載。

平野鷹子著〔HBB〕
私たちの消費者法〔四訂版〕
四六判・276頁・2625円

消費者保護関係の法律が大きく変わる一方で、消費者の安全な生活が脅かされている。被害救済を目的に、関連法律を目的別に編集し、巻末に関連法令を収載。消費者基本法はじめ判例や具体例など最新の情報を盛り込む。

長尾治助編〔αブックス〕
レクチャー消費者法〔第4版〕
A5判・276頁・2835円

消費者法の基礎を事例・判例を題材に具体的場面からわかりやすく概説し、消費者の権利実現をめざす入門書。IT進展に伴う関連新法、民法の現代語化に対応し、個人情報保護法や近年の立法動向に対応した最新版。

西村多嘉子著
市場と消費の政治経済学
A5判・260頁・2835円

流通と消費者政策をめぐる動向をふまえ、消費者の視角から消費者政策とその具体化による矛盾を概説。経済の発展とそれに伴う社会構造や政策、法制度の変遷を検証し、消費者の権利実現過程への実質的参加が問題解決の方途であることを提示。

――法律文化社――

表示価格は定価(税込価格)です

18歳から考える消費者と法

2010年11月30日　初版第1刷発行

著　者	坂東俊矢（ばんどうとしや） 細川幸一（ほそかわこういち）
発行者	秋山　泰
発行所	株式会社 法律文化社 〒603-8053 京都市北区上賀茂岩ヶ垣内町71 ☎075-791-7131/FAX075-721-8400 URL:http://www.hou-bun.co.jp/
印　刷	西濃印刷㈱
製　本	㈱藤沢製本
装　幀	白沢　正

ISBN 978-4-589-03298-0
ⓒ2010 T. Bando, K. Hosokawa Printed in Japan

■著者紹介

坂東俊矢（ばんどう　としや）　　第Ⅱ部・第Ⅲ部

【略　歴】
1957（昭和32）年9月23日徳島県生まれ
京都産業大学大学院法務研究科教授
専門は、民法、消費者法、消費者政策
1981（昭和56）年　立命館大学法学部卒業
1986（昭和61）年　龍谷大学大学院法学研究科博士後期課程単位取得修了
1986（昭和61）年　高知県立短期大学社会科学科助教授
岐阜経済大学経営学部助教授、京都学園大学法学部教授、京都産業大学法学部教授を経て
2004（平成16）年から現職
2005（平成17）年　大阪弁護士会に弁護士登録

社会活動として、NPO消費者ネット関西副理事長、消費者支援機構関西（通称「KC's」）常任理事、京都府消費生活審議会会長代理、国民生活審議会「消費者団体訴訟制度検討委員会」及び「自主行動基準検討委員会」の委員等を歴任

【主な著書】（いずれも共著）
『消費者六法2010年度版』（民事法研究会、2010年）、『レクチャー消費者法〔第4版〕』（法律文化社、2008年）、『IT2001　何が問題か』（岩波書店、2000年）など。法学教室（有斐閣）に「実践消費者法」を片山登志子弁護士、野々山宏弁護士と共同で連載（2007年4月から2009年3月まで）

細川幸一（ほそかわ　こういち）　　第Ⅰ部・第Ⅳ部

【略　歴】
1961（昭和36）年東京都生まれ
日本女子大学家政学部教授
専門は、消費者政策、消費者教育
1982（昭和57）年に国立東京工業高等専門学校機械工学科を卒業し、国民生活センターに入所。商品テストに従事。この間、中央大学法学部政治学科、早稲田大学大学院法学研究科修士課程、一橋大学大学院法学研究科博士課程修了。2002（平成14）年一橋大学法学博士授与。国民生活センター調査室長補佐、米国ワイオミング州立大学ロースクール客員研究員等を経て現職

社会活動として、埼玉県消費生活審議会会長代行、東京都消費生活対策審議会委員、日本消費者教育学会理事・関東支部長、法政大学現代法研究所客員研究員（国連グローバル・コンパクト研究センター）、経済産業省「新たな製品安全行政体系研究会」委員、金融庁「アジアの資本市場育成と消費者保護制度に関する研究会」委員、サービス産業生産性協議会「CSフォーラム推進委員会」委員等を歴任

【主な著書】
『消費者政策学』（成文堂、2007年）、『消費者六法2010年度版』（民事法研究会、2010年）（共著）、『消費経済学体系3　消費者問題』（慶應義塾大学出版会、2005年）（共著）など

［イラスト］

安田憲司（やすだ　けんじ）　　3頁・7頁・9頁・13頁・21頁・61頁・73頁・93頁